# Das verschüttete Kind
Das Schicksal von Manuela Bauer

**Zur Autorin:**

Geboren am 15.12.1963 in Galgenberg bei Uttigkofen in Niederbayern.
Nach einer glücklichen unbeschwerten, aber viel zu kurzen Kindheit wurde Manuela Bauer von ihren Eltern als fünfjähriges Kind an den vermögenden Cousin ihres Vaters verkauft beziehungsweise zum Missbrauch freigegeben, um sich im Gegenzug die Erbschaft zu sichern.

Ihr Leben verläuft anschließend wie ein Psychoschocker-Skript für ein bösartiges Drama in einem Underdog-Universum mit den üblichen „Karriere"-Stationen Alkohol, Drogen und Prostitution. Doch das Unglaubliche gelingt: Sie kämpft sich ins Leben zurück.

*Dass ich dieses schwere Schicksal nach langen schweren Kämpfen erfolgreich überwunden habe, verdanke ich der Kraft, die ich aus meiner Kindheit geschöpft habe.*
Manuela Bauer

Manuela Bauer, „Das verschüttete Kind"
© 2012 der vorliegenden Ausgabe: underDog
Verlagshaus underDog
www.underdog-verlag.de
© 2012 Manuela Bauer

Alle Rechte vorbehalten
Umschlag: Gregor Middendorf
Druck und Bindung: CPI - Ebner & Spiegel, Ulm
ISBN: 978-3-9814257-7-2

# Vorwort

Ich danke allen, die mich belogen haben;
Sie haben mir die Kraft der Wahrheit gezeigt.

Ich danke allen, die nicht an mich geglaubt haben;
Sie haben mir zugemutet, Berge zu versetzen.

Ich danke allen, die mich abgeschrieben haben;
Sie haben meinen Mut geweckt.

Ich danke allen, die mich verlassen haben;
Sie haben mir Raum gegeben für Neues.

Ich danke allen, die mich verraten und missbraucht haben;
Sie haben mich wachsam werden lassen.

Ich danke allen, die mich verletzt haben;
Sie haben mich gelehrt, im Schmerz zu wachsen.

Ich danke allen, die meinen Frieden gestört haben;
Sie haben mich stark gemacht, dafür einzutreten.

Vor allem aber danke ich all jenen,
die mich lieben, so wie ich bin;

Sie geben mir die Kraft zum Leben!

Ich danke besonders Dr. E., der den entscheidenden Anstoß für meine Rückkehr ins normale Leben gegeben hat; weiterhin danke ich meiner Psychotherapeutin Frau G., der ich verdanke, dass dieses Buch entstanden ist, denn sie hat mir den Rat erteilt, meine Lebensgeschichte aufzuschreiben.

# Prolog

## Siebenundvierzig Jahre später

*Ich hab heute einen Engel barfuß durch die Wiesen laufen sehn. Und dann entdeckte ich einen Kameramann, der diese Szene filmte. Und ich träumte, dass es mein Sohn Gregor war. Als ich ihn fragte, was er filme, antwortete er: „Einen Engel im Paradies."*

Das postete ich Manu im Juni dieses Jahres, also 2011, als ich nach unserem Ausflug nach Niederbayern, wo Gregor tatsächlich als Kameramann mitfuhr, zum ersten Mal den Vorfilm gesehen hatte.

Es war also kein Traum, was ich gesehen hatte.

Gregor war mitgefahren, weil ich ihn darum gebeten hatte, Stimmungsbilder von Galgenberg, Manus Geburtsort, einzufangen, er hat ein Filmstudio und macht das schließlich beruflich. Was er aus dem Filmmaterial von etwa drei Stunden gemacht hat (es sind knapp zwei Minuten schließlich daraus geworden), hat in seiner Verdichtung eine geradezu visionäre, symbolische Kraft. Wenn ich nicht selber Schriftsteller wäre, würde ich mich fragen, woher er das alles hat ahnen können.

*Das Geburtshaus in Galgenberg. Ein Dreierensemble. Das zweigeschossige Geburtshaus in der Mitte von zwei neuen Bauten, einem Wohnhaus links und einer Garage. Die obere Etage vom weißen Putz mit schwarz gestrichenem Holz abgesetzt, angeschmiegt an einen sanft ansteigenden bewaldeten Hügel.*

*Galgenberg?*

*Nein, der Kalvarienberg steht woanders. Nicht vor den Toren Jerusalems, nicht in Klosterlechfeld, einer neben Graben gelegenen Gemeinde, wo ich jetzt schon zwölf, dreizehn Jahre wohne). (Dort wurde der Kalvarienberg auf dem Gelände des Franziskanerklosters künstlerisch nachgestaltet.)*

*Nein, der Kalvarienberg steht in Laim, einem Stadtteil von München.*

*In Galgenberg liegt das Paradies. Es ist der Ort von Manus Kindheit.*

*Manus Kindheit sollte nur fünf Jahre dauern.*

*Mit fünf wurde sie von ihren Eltern für ein Erbe an einen Verwandten verkauft und zum Missbrauch freigegeben.*

*Mit fünf hat ein Tsunami Manus Paradies verschüttet.*

*Es ist erschütternd, in Manus Tagebuchaufzeichnungen, die sie nach dem Erwachen aus einem zweiundvierzig Jahre währenden Albtraum niederschrieb, zu lesen, mit welch beispielloser Tapferkeit, Kraft und Ehrlichkeit, sich dieses in allen Höllensünden unschuldig gebliebene, unter einem unfassbaren Schicksalsgeröll verschüttet liegende Kind befreit hat.*

*Das Geburtshaus in Galgenberg. Ein Dreierensemble. Das zweigeschossige Geburtshaus in der Mitte von zwei neuen Bauten, einem Wohnhaus links und einer Garage. Die obere Etage vom weißen Putz mit schwarz gestrichenem Holz abgesetzt, angeschmiegt an einen sanft ansteigenden bewaldeten Hügel.*

*Galgenberg.*

*Vielleicht hatte früher hier ein Galgen gestanden. Man müsste einen Chronisten fragen. Doch die meisten Chronisten sterben später aus der Gegenwart weg.*

*Nach dem Zweiten Weltkrieg sind hier die Russen durchgezogen und haben sich die Frauen als Lustbeute genommen. Einige Frauen sollen sich den Russen auch selbst lustvoll als Beute angeboten haben. Die abgetriebenen Babys hat man in Kartons entsorgt. Babys sind noch zu klein für den Galgen.*

*Ich brauchte keinen Chronisten über Galgenberg befragen: Ich hatte ja eine Zeugin. Die zuverlässigste, die sich für eine Schicksalschronik denken lässt: die Betroffene selbst, Manu.*

<u>Aufnahmesitzung 14. 8. 2010</u>

K: *Sie haben bei unserem ersten Gespräch gesagt, das fand ich ganz erstaunlich, Sie hätten eigentlich noch sehr gute Erinnerungen an die Kindheit. Und das ging sogar zurück bis zum Alter von drei.*

M: Ja, zwei, drei.

K: *Wenn Sie das erzählen könnten.*

M: Ach, da weiß ich gar nicht, wo ich anfangen soll. Weil ich einfach so schöne Sachen erlebt hab. Das ist wieder eine eigene Videokassette für mich.

K: *Sie nennen die Erinnerung* Videokassette?

M: Ja. Wo ich geboren bin, da hatt' ich praktisch meine Mama. Dann mei Oma. Und von meiner Oma die Schwester.

Und der ihr Mann. Von meiner Oma da weiß ich zum Beispiel nicht den Mann. Also der muss eine ziemlich wilde Henne gewesen sein.

K: *Sie meinen* wilder Hahn.

M: Was? ... Ja, natürlich.

K: *Was heißt* meine *Oma? Mütterlicher– oder väterlicherseits?*

M: Mütterlicherseits. Also der Bauernhof, das ist alles mütterlicherseits.

K: *Also die Großeltern väterlicherseits sind quasi ausgeblendet.*

M: Die sind ausgeblendet, weil die ... Ich weiß jetzt nur von meiner Mutter, dass die ziemlich früh gestorben sind – müssen wohl beide Krebs gehabt haben. Und der Vater von meinem Vater muss wohl ein ziemlich Böser gewesen sein: Alkohol, Mutter geschlagen und so was. Also das sind so ein paar Brocken, die ich erfahren hab.

K: *Der Vater Ihres Vaters?*

M: Ja. Und was da auch noch wichtig ist, das hab ich, nein, das hab ich noch gar nicht erzählt, war: Mein Vater war ja körperlich behindert, der war ja noch ein kleines Stückchen kleiner wie ich. Also ich komm ja aus einer kleinen Familie, trotzdem bin ich größer wie meine Eltern. Und er hat da hinten – ob von Geburt an oder was, weiß ich nicht –, eine Rückgratverkrümmung gehabt. Das heißt, da steht so 'n Buckel raus. Da hinten.

K: *Sieht man gar nicht. Ist mir gar nicht aufgefallen.*

M: Nee, ich net: mein Vater.

K: *Ihr Vater!*

M: Ja, ja, mein Vater war echt körperlich behindert. Der war also noch ein bisschen kleiner wie ich. Und hat eben dann diese Rückgratverkrümmung gehabt. Obwohl ich überhaupt nicht weiß, ob der so auf die Welt gekommen ist mit der Behinderung, oder was. Keine Ahnung. Da ist nie geredet worden drüber … Also ich hab halt immer zu dem Mann von meiner Oma ihrer Schwester „Opa" gesagt. Der war immer mein Liebling, mein „Opa".

K: *Der Mann von …?*

M: Der Mann von meiner Oma ihrer Schwester. Meine Oma und ihre Schwester, denen hat der Bauernhof gehört. Ja, dann war eben, wie gesagt, meine Mama da, und meine Mama hat ja noch drei Brüder, die haben da auch alle gelebt auf dem Bauernhof. Meine Schwester war ja noch nicht auf der Welt. Und mein Bruder halt, der ist ja auch da unten geboren in Galgenberg.

Und das war einfach, ich weiß gar nicht, wie ich das sagen soll – es sind so schöne Bilder, die ich wo da auf der Videokassette hab. Es war einfach Natur pur. Wir hatten zehn Kühe, wir hatten ein paar Schweine, wir hatten ewig viel Hühner und Gänse. Man musste nur ein Stück latschen, und schon war man auf dem nächsten Hof. Der war noch viel größer. Die haben noch viel mehr Kühe gehabt. Und da unten, wie ein Dreieck war das, stand ein normales Haus. Also die haben kein Hof gehabt und keine Landwirtschaft.

Und wenn ich aus dem Hof raus bin, war rundum überall Wald. Wir hatten kein Bad, sondern ein Plumpsklo. Vom

Bauernhof raus um die Ecke neben dem Kuhstall, so nur mit Zeitung.

K: *Ja, ja.*

M: Halt wie das damals so war.

K: *Ja, ich hab das auch kennengelernt.*

M: Und dann die alten grauen Wannen, wo man uns dann abends …

K: *Die Zinkwannen.*

M: Sind wir runtergeschrubbt worden … Vom Heustadl sind wir vom Heu runtergesprungen und den ganzen Tag barfuß rumgelaufen. Einfach eins mit der Natur. Wir haben da Felder gehabt, wir haben unser eigenes Gemüse gehabt. Und das war … Mein Onkel war ja Metzger, da ist dann mal eben, weil das sein Hof war, geschlachtet worden, dann haben sie mich halt immer weglocken müssen, weil bei mir hat jedes Schwein und jede Kuh einen Namen gehabt. Und ich hab ja Tiere geliebt ohne Ende. Wenn der natürlich da mit so 'nem Teil dahergekommen ist und dem Schwein da was reingeknallt hat, da haben die mich immer irgendwo hinlocken müssen. Und ich hab dann natürlich immer gleich gefragt: *Wo ist mein Schweinchen?* Also Namen weiß ich jetzt nimmer, da kann ich mich jetzt wirklich nimmer erinnern, wie die alle geheißen haben, wie ich die alle getauft hab, meine Tierchen da. Pferd haben wir am Anfang auch eins gehabt. Ja, das war halt einfach unbeschwert. Das war, was soll ich sagen?, ich war von früh bis abends draußen, bin mit meiner Oma um vier Uhr früh in den Kuhstall und hab melken geholfen, auf die alten Schemel noch. Mit den Nachbarkindern haben wir uns super verstanden. Wir haben uns Baumhäuser mit den Jungs im Wald gebaut. Wir konnten da unbeschwert die Beeren essen, Heuschrecken fangen und wieder rauslassen. Wir haben halt einfach super schön gespielt. Das war Glück pur.

K: *Und der „Opa", der ...*

M: Ja, der „Opa", der war ...

K: *Der hat aber die Tiere nicht geschlachtet.*

M: Nee, nee.

K: *Das war der?*

M: Das war mein Onkel. Der Bruder von meiner Mama, der ist ja heute noch Metzger. Mit meinem „Opa" bin ich immer mit dem alten Leiterwagen raus und hab die alten Milchkannen geholt. Im Dorf hat's immer so einen kleinen Kramerladen gegeben, wo wir dann mit die Nachbarsmädels hin sind, wo wir dann für zwei Pfennig 'n Lutscher oder Guttis gekauft haben. Das war einfach ein Traum schlechthin. Das war superschön. Mein Onkel, also der Bruder von meiner Mama, ist ja dann gestorben. Das war der jüngste Bruder von meiner Mama, der war 32 oder 33, der Onkel Alfred, der hat, glaub ich, Magenkrebs oder so was gehabt. Aber die andern leben alle noch.

K: *Und Sie sagten, Galgenberg bestünde nur aus drei Häusern.*

M: Ja, das ist so. Also in Galgenberg gibt es extra ein Schild *Galgenberg*, und dann fährt man die Straße rein, und dann sieht man eben die drei Häuser und ringsum Wald, obwohl der Wald auch jetzt nicht mehr schön ist, weil die Borkenkäfer die ganzen Bäume weggefressen haben. Die kamen vom Bayrischen Wald rüber ... Also, wo ich das letzte Mal unten war, letztes

Jahr, da bin ich echt erschrocken: Überall dorten, wo ich mit meinem „Opa" die Pilze und Schwammerln gesucht hab, stehen jetzt die Bäume wie Zahnstocher rum. Das ist total traurig.

K: *Und der Kramerladen war in Galgenberg?*

M: Nee, in Uttigkofen. Aber, wo die Kirche war, wo meine Mama früher in die Schule ging, ist jetzt ein Haus für Veranstaltungen oder Feiern oder was. Also es hat eine Schule gegeben, eine Tankstelle, einen Kramerladen, eine Kirche und, wie's halt oft auf dem Land ist, eine Metzgerei, wo dann eben die Männer dann nach der Kirche zum Frühschoppen rein sind. Oder vorher, vor der Kirche, keine Ahnung, ich weiß das schon gar nicht mehr, wie sie das immer gemacht haben.

K: *Nach der Kirche. Vorher waren die noch gar nicht ...*

M: Nach der Kirche, genau ... Das war so 'n Seelendörfchen. Da hat wirklich jeder jeden gekannt. Uttigkofen, das ist …

K: *Und wie weit ist das von Galgenberg? Praktisch vor der Tür, oder?*

M: Da muss man einfach die Straße langgehen. Ach, ich sag jetzt mal: ein paar Hundert Meter. Ja, also praktisch vor der Haustür.

K: *Der Pfarrer gehörte doch normalerweise auch dazu, nicht?*

M: Ja, ja.

K: *Der hat euch doch auch besucht, oder?*

M: Der Pfarrer? Da kann ich mich nimmer so erinnern. Das weiß ich nicht.

K: *Aber normalerweise, bei so kleinen Gemeinden ...*

M: Aber es ist ja keine Tankstelle mehr, kein Kramerladen mehr, keine Schule mehr, nur noch die Kirche halt. Ein ganz a kleines Kuhdorf, sag ich jetzt mal. Aber es war halt einfach eine superschöne, unbeschwerte Zeit.

K: *Und wann war die Zeit der Unschuld vorbei?*

M: Da bin ich jetzt grad am Überlegen, weil ... Das war ja so ... Ich weiß halt nicht, wie des da zwischen meiner Mama und meinem Vater war. Zum Beispiel war es ja so, dass meine Mama vor meinem Vater sei Zeit wohl einen Mann g'habt hat, und da ist mein Bruder entstanden. Den Mann habe ich ja nie gesehen oder kennengelernt. Der lebt ja auch mittlerweile nimmer. Und mei Mama, soviel ich weiß ...

K: *Ach der ist Ihr Halbbruder.*

M: Halbbruder, Stiefbruder. Wie auch immer. Und was mit dem Mann war, weiß ich nicht, oder mei Oma wollt das net. Auf jeden Fall hat die dann irgendwie, irgendwo meinen Vater da kenneng'lernt und ... 1967 waren wir ja schon in Unterhaching. Das waren nicht mal vier Jahre. Aber ich war ja immer die ganze Zeit unten. Sechsundsechzig, glaub ich, sind wir dann nach Neubiberg gezogen. Das liegt bei München. Da hat mein Vater das mit der Eigentumswohnung schon irgendwie angepeilt. Auf jeden Fall hat er da schon beim MBB gearbeitet. Und mei Mama hat dann ... Das Haus gibt's leider a nimmer, das war so a altes Haus in Neubiberg, wo da unten a Reinigung war. Da hat mei Mama mitg'holfen. Wir haben oben a superkleine Wohnung gehabt. Also wir waren halt zu viert, mein Bruder, ich und meine Eltern. Und das waren, glaub ich, bloß zwei Zimmer. Also a uraltes Haus und ... Da ist mein Bruder in die Schule gegangen, das weiß ich noch. Die Carolin, mei Schwester, ist im Juni 67 geboren, da war'n wir aber noch nicht in Unterhaching. Wir sind erst im Oktober 67 nach Unterhaching gezogen, da war dann die Siedlung fertig, wo's da gebaut haben. Der *Fasanenpark*. Lauter so Wohnblökke halt. Und da hat dann mein Vater die Vierzimmer–Wohnung gekauft. Da wohnt mei Mama ja heute noch drin. Und ich weiß auch noch, dass ich, bis ich zur Schule bin, immer in Galgenberg war.

# Vorfilm

## Ein Engel im Paradies

*Das Geburtshaus in Galgenberg. Ein Dreierensemble. Das zweigeschossige Geburtshaus in der Mitte von zwei neuen Bauten, einem Wohnhaus links und einer Garage. Die obere Etage vom weißen Putz mit schwarz gestrichenem Holz abgesetzt, angeschmiegt an einen sanft ansteigenden bewaldeten Hügel.*

*Pfingstrosen treten vors Bild, in dezentem Rosa öffnen sie sonnenergeben ihre Kelche wie hinter einem aus dem Paradies herüberwehenden Traumschleier. Es ist heiß. Über dreißig Grad, der Himmel in ätzendem Glast. Wäre ich dort, würden meine Augen schmerzen im grellen Hitzelicht.*

*Ein japanisches Sprichwort sagt:*
立てば芍薬、座れば牡丹、歩く姿は百合の花
tateba shakuyaku, suwareba botan, aruku sugata wa yuru no hana
Im Stehen wie eine Chinesische Pfingstrose, im Sitzen wie eine Strauch–Pfingstrose, und die Art, wie sie läuft, die Blüte einer Lilie.

*Das Sprichwort beschreibt die drei unterschiedlichen Schönheitsideale, denen eine Frau entsprechen soll: Wenn sie steht, soll sie einer chinesischen Pfingstrose gleichen, mit ihrem kräftigen Stängel und der vollen Blüte. Wenn sie sitzt, soll sie dagegen zerbrechlich wirken wie die Strauch–Pfingstrose. Und wenn sie geht, soll sie anmutig sein wie eine Lilie.*

*Anmutig ziehen die Pfingstrosen vorbei. Der Blick fällt auf die obere, in schwarzem Holz verkleidete Etage. Zwei Kreuzfenster dicht nebeneinander. Hinter dem rechten stehen Blu-*

men aus dem Garten. Sie sind nicht zu erkennen in der schnellen Überblendung auf ein großes, bäuerliches Gebäude in Uttigkofen mit mächtigem Giebel. Früher war hier die Schule. Jemand geht an einer Häuserfront in Uttigkofen vorbei. Was will er dort? Der Putz in zart-grauem Rosa gäbe den perfekten Hintergrund für die Pfingstrosen ab. Aber hier sind keine zu sehen. Auch auf der Wiese nicht, die die Häuserfront zu einer Fata Morgana werden lässt. Die Hitze flimmert uns Luftbilder in unsern Vorführraum. Aber diese Wiese – bleibt sie? Sie ist so wunderschön, rechts eine Böschung, hinten ein Wäldchen wie dichte Locken auf einem Wiesenkopf.

*Manu und ich auf dem Feldweg zum Wäldchen. Von hinten. In versunkener Harmonie. Manu und ich? Ja. Versunken. Auf dem Weg zum Wäldchen.* In Iserlohn, meinem Geburtsort, gab's ein **Buchenwäldchen**, ein verträumter Park mit einer großen Gaststätte und einem Pavillon mit einer großen Tanzfläche davor, die mit von Tauen umspannten gusseisernen Pollern umgürtet war. Manu ist sicher in ihre Kindheit versunken. Sie geht anmutig wie eine Lilie. Dann setzt sie sich auf die Wiese und streichelt Arturo, den schwarz-weiß gescheckten Jagdhund. Die beiden sind ein Herz und eine Seele.

*Weiter, am Hochsitz vorbei, am Waldrand, auf der anderen Seite des lockigen Wiesenkopfes.* Der Wald jetzt wie schütteres Haar, als hätte eine Borkenkäferplage gewütet. Die Sonne sticht, es ist noch zu früh zum Pokern, der Wind ist über alle Hügel oder hockt tranig in irgendeiner dösigen Gaststube. Obwohl die Zeit stehen geblieben ist, läuft der Film weiter, vom Hochsitz zu himmlischen Höhen: *Die Kirche in Uttigk-*

*ofen läutet mit mattem Klang zu einem ungewissen Anlass. Die ermüdete Glocke klingt friedlich, der Gekreuzigte draußen ist endlich entschlafen, drinnen hängt er indessen unterm Kreuzgewölbe mit qualvoll ergebenem Leid, das niemals stirbt, so lange der Mensch des Trostes bedarf. Nie versiegt der Bedarf des Trostes. Auch Maria, die Gebenedeite faltet betend darum ringend im Altarraum die Hände. Voller Ruhe breitet sich der Gang vom Altar, vorbei an den Bankreihen dem unsichtbaren Freien zu. Das Sichtbare ist zeitlich, das Unsichtbare ewiglich dennoch. Vorbei geht es am segnenden Heiland. Das Paradies ist gerettet. Die Wiese in Galgenberg erscheint wie ein Wiesenmeer der Seligkeit vor einem unendlichen Horizont. Manu und ich gehen durch Ähren wie durch Schilf. Endlich erreichen wir das Ufer und blicken auf einen Märchenwald. Wie auf ein Stichwort macht sich Arturo dorthin auf. Die Zunge flattert wie ein Lappen von seinen Lefzen. Die Hitze hat seinen Jagdinstinkt ausgezehrt und ihm den Märchenwald versteckt. Plötzlich tut sich eine Mulde auf im Gras, er schaut erstaunt, schnüffelt, zieht dann aber die Schnauze irritiert zurück. Wie sollte er auch wissen, dass es die Mulde war, in der vorher die Milchkanne stand. Ja, jetzt sieht man sie. Hier werden noch die Milchkannen zum Abholen nach draußen gestellt. Wir sind hier in Manus Paradies, hier gibt es kein Reality–Update. Hier wird der Garten Eden noch mit Zierstecken bekrönt. Der König hat persönlich sein Universum verlassen, um hier in der Falte seines Zaubermantels Manus Heimat zu beschützen. Pfingstrosen in geheimnisvollem Rosa und Nelken, so weiß, dass sie sogar die Sonne ausstechen, stehen in diesem Garten. Die Nel-*

*ken blenden mich, blenden über zum Schuppen am Rand des Gartens. Als wär hier das Paradies zu Ende, gehen Manu und ich vorbei am Schuppen, vorbei am Geburtshaus hinaus wie zu einem unbekannten Ort, doch sieht man jetzt, dass es der Ort ist, der am Ende eines jeden Weges steht, vorbei an der Urnenwand im Kirchhof von Uttigkofen, zu den Friedhofsgräbern.*

*Dann in Großaufnahme ein Grabstein.*

| |
|---|
| Xaver Weitl 1884 – 1949 |
| Anna Weitl 1896 – 1981 |
| Johann Mayer 1920 – 1981 |
| Anna Mayer 1922 – 1996 |

*Darunter der Grabspruch:*

**Im Leben geliebt, im Tode unvergessen.**

*Wer sind Xaver und Anna Weitl, Johann und Anna Mayer? Ich muss Manu fragen.*

*Was für ein Grabspruch! Er macht mich geradezu sprachlos in seiner Trivialität. Für Manu wäre er glatt ein Hohn: Außer von ihrem Sohn Maiko würde sie von niemandem geliebt und im Tode vergessen worden sein, wenn es nicht diesen Neuanfang gegeben hätte, den Neuanfang eines bezaubernden Wesens, das Gott in der Falte seines Zaubermantels auf die Wiese in Galgenberg gesetzt hat, die jetzt im Schlussbild aufscheint und auf der Manu, ihre Schuhe in der Hand tragend, barfuß durchs Gras läuft. Anmutig wie eine Lilie, beschwingt gefolgt von Arturo.*

*Die Raupe hat sich zu einem Schmetterling entpuppt. Er hat seinen Weg gefunden: himmelan. Ich stehe daneben und staune wie zu Kinderzeiten. Das Bild wird ausgeblendet. Aber ich weiß: Das erst war der Vorfilm noch ...*

# Hauptfilm

## 1. Kapitel: Eine Kindheit in Niederbayern
(Manuela Bauers Tagebuchaufzeichnungen)

Wie schön die Zeit damals mit Gerlinde und Lore war! Ist alles schon ewig lange her.

Gerlinde, ein südländischer Typ, so klein wie ich, kurze, dunkelbraune Haare, braune Augen, hatte ein bisschen mehr auf den Rippen wie ich.

Lore, braune, glatte, schulterlange Haare, braune Augen, ist jünger und hellhäutiger als Gerlinde. Sie hatte damals noch mehr auf den Rippen als Gerlinde und hatte immer die Ruhe weg, ganz im Gegensatz zu Gerlinde, aber auch im Gegensatz zu mir.

Wir waren unzertrennlich und jeden Tag von früh bis spät zusammen. Nur mittags mussten sie immer zum Essen nach Hause.

Galgenberg, wo ich aufgewachsen bin, besteht aus zwei Bauernhöfen und einem normalen Haus. Beide Höfe liegen direkt am Wald, das normale Haus liegt direkt an der Straße. Damals war die Straße noch nicht geteert.

Ich kann mich noch erinnern, wie wir den Weg zum Wald raufgingen und Gerlinde – Gerlinde, natürlich, sie war in allem immer die Erste –, den Jägerstand entdeckte.

„Schaut mal, da ist ein Holzturm!", rief sie.

„Ui!", staunte ich, und im Nu liefen wir auf den Hochsitz und hockten uns auf den Boden.

„Guck mal, wie hoch das ist!", staunte Gerlinde.

„Das ist ein Jägerstand", belehrte uns Lore. „Der Jäger geht da rauf und wartet, dass die Tiere aus dem Wald kommen. Da müsst ihr aber ganz leise sein, sonst kommen die nicht."

„Meinst du, die Rehe kommen von ganz allein aus dem

Wald?", fragte ich.

„Ja", antwortete Lore.

„Und warum?", wollte Gerlinde wissen.

„Meinst du, die wollen den ganzen Tag im Wald bleiben? Abends wollen die auch mal raus", sagte Lore. „Und darauf wartet der Jäger."

„Ja, und was macht der Jäger?", fragte ich.

„Der schießt die Tiere. Nicht nur die Rehe: die Hirsche, die Füchse, die …"

„Auch Hasen?", schob Gerlinde nach.

„Ja, und Wildschweine und …"

„Auch unsere Katzen und Hühner, wenn die sich mal verlaufen haben?", fragte ich erschrocken.

„Nein, nur die Tiere, die im Wald wohnen."

„Wie gut, dass unsere Tiere bei uns im Stall wohnen", seufzte ich erleichtert auf.

Es war eine sehr, sehr glückliche Zeit damals, die glücklichste in meinem Leben.

Allein schon, wenn ich morgens nach dem Frühstücken mit frischer Milch von unseren Kühen meinen Kakao getrunken habe und anschließend die Haustür aufgemacht habe, hab ich erst mal tief durchgeatmet und diese wunderbare herrliche Landluft eingeatmet. Der Blick zum Wald, die grünen saftigen Wiesen: Ein unglaubliches Gefühl, das ich heute immer noch so empfinde, wenn ich in der Natur bin.

Manchmal haben wir auch bei Gerlinde und Lore auf dem Bauernhof *Auto* gespielt. Ihre Eltern hatten ein altes, ausgedientes Auto im Schuppen stehn, da haben wir uns reingehockt und uns dann abgewechselt wer „fahren" durfte.

„Also, wo fahren wir hin?", fragte Gerlinde.

Lore und ich überlegten.

„Wir fahren jetzt einkaufen", sagte Lore

„Na gut", meinte Gerlinde. „Bist du damit einverstanden, Manu?"

„Ja klar, aber fahr nicht so schnell!"

Ja, dann ging unsere „Fahrt" los, Gang rein, und dann ging's mit Ton (Brummbrummbrumm!) ab zum „Einkaufen". Allzu lang durfte die Fahrt natürlich nicht dauern, schließlich wollte ja jeder mal fahren.

Im Sommer war's besonders lebhaft, klar: Im Sommer ist Hochsaison auf einem Bauernhof.

Mein Großonkel Sepp, der Mann der Schwester meiner Oma mütterlicherseits (ich hab zu ihm immer *Opa* gesagt, ich weiß auch nicht mehr, warum), ist im Sommer mit uns Kindern öfters an einen kleinen Bach gegangen. Da haben wir ganz kleine Fischlein gefangen und anschließend natürlich wieder freigelassen. Ich dachte, wie gut, dass es im Wasser keinen Jägerstand gibt.

Einmal haben wir uns ganz schön erschrocken. Wir standen im Bach und konzentrierten uns auf die Fischlein, als wir auf einmal eine Flusskrebsfamilie entdeckten.

„Iiih, guck mal, die sind ja eklig, die sehen ja wie Spinnen aus!", kreischte Gerlinde.

„Quatsch, das sind Flusskrebse", korrigierte Lore.

„Die haben ja richtige Zangen!", quietschte Gerlinde. „Iiih, die können dir ja die Finger abschneiden!"

„Blödsinn, die sind viel zu klein", verbesserte Lore.

Ich schaute mir die Krebse ganz genau an. Groß waren sie ja nicht, und Spinnen fand ich, ehrlich gesagt, viel ekliger. Nein, eigentlich waren sie ganz niedlich, dachte ich. Oder? Und die Zangen – viel größer als die von den Maikäfern waren die auch nicht.

Ich hielt meine Hand ins Wasser und versuchte, ganz vorsichtig nach den Flusskrebsen zu greifen. Und tatsächlich: Bald hatte ich einen kleinen Krebs gefangen. Er krabbelte in meiner Hand. Es kitzelte ein bisschen. Eigentlich war er ganz niedlich. Aber richtig anschauen konnte ich ihn nicht, denn er wurde zu unruhig. Er hatte sicher Angst. Also tauchte ich ihn wieder ins Wasser, wo er sich auch ganz schnell abstieß und flugs zum Rest der Familie flüchtete.

Lore und Gerlinde machten große Augen. Ich glaube, sie hatten mir diesen Mut gar nicht zugetraut. Aber richtige Angst hatte ich auch wirklich nicht.

Wie sehr liebte ich die Blumen, die Gänseblümchen, Butterblumen und Schlüsselblumen, Glockenblumen, die Kornblumen und Mohnblumen, die Hundsveilchen, Schneeglöckchen und Wegwarten!

Ich wusste genau, in welchem Monat sie wachsen, und erkannte sie schon, wenn sie noch ganz kleine Knospen waren. Dann bin ich in die Wiesen gelaufen, kannte ihre Plätze, habe sie ausgegraben, in meinem kleinen Garten wieder eingepflanzt und darauf gehofft, dass sie überlebten und irgendwann blühten.

Und die Gräser! Zittergras, Wiesenrispe, Goldhafer, glatte Gräser, scharfrandige Gräser ... Heute kenn ich von den meisten Gräsern nicht mehr die Namen. Aber damals kannte ich sie alle. Auch die Bäume, die Vögel. Die Gemüse- und Obstsorten, die Sträucher und Stauden im Garten meiner Oma: Flieder- und Holunderbüsche, Pfingstrosen, Vergissmeinnicht, Feuerlilien und Rittersporn.

Ich bin damals immer barfuß gelaufen und habe überhaupt nicht darauf geachtet, ob ich mich schmutzig mache. Das war auch egal, denn am frühen Abend steckten meine Mama und meine Oma mich sowieso in die alte Zinkwanne, die auch als unsere Badewanne diente und im Sommer immer im Freien stand. Damals gab's noch kein Badezimmer und auch kein WC. „Toilette" war um die Ecke vom Hof, direkt neben dem Kuhstall. In Niederbayern heißt das *Plumpsklo*.

Die Kiesgrube war einer unserer Lieblingsplätze, da konnte man herrlich weit runterrutschen. Das ging ganz schön steil runter. Uns ist aber nie was passiert. Heute ist alles zugewachsen. Manchmal wünschte ich mir, auch eine Kiesgrube zu sein, dann wäre ich sicher, dass all die kommenden schrecklichen Ereignisse, die mich wie ein Tsunami aus dem Paradies meiner Kindheit rausschleuderten, zuwüchsen.

Noch immer erfüllt mich dieses berauschende Gefühl der unbeschwerten Kindheit, dieser wunderbaren Tage der Unschuld, die nur wenige Jahre währten.

Bis heute hat der furchtbare Schmerz mir diesen kostbaren Schatz nicht rauben können. Jeder Tag, den ich in Niederbayern erleben durfte, sitzt tief in meinem Herzen. Das war in den ganzen langen elenden Jahren mein Halt. Das hab ich immer gespürt.

## 2. Kapitel: Der Missbrauch

Ich hasste ewig lang die Sonntage und kann bis heute noch nicht in eine Kirche gehen. Weil diese Besuche immer sonntags waren und wir am Vormittag immer in die Kirche gehen mussten.

Meine Schwester Carolin war erst zwei Jahre alt, als wir im Frühjahr 1968 das erste Mal gegen zwei Uhr nachmittags nach Laim fuhren, was sich von nun an nach dem sonntäglichen Gottesdienst zu einem wöchentlichen Ritual entwickeln sollte. Heute weiß ich, dass die Laimer Besuche nach dem Gottesdienst Dämonendienste waren.

Der Dämon hieß Adolf T. und war der Cousin meines Vaters. Er hatte mir Malbücher und Stifte gekauft.

Ich weiß nicht mehr genau, wann es zum ersten Mal passierte. Wahrscheinlich war ich sogar erst fünf, als die erste Phase des Missbrauchs geschah. Im Frühjahr 1968, beim ersten Besuch, war ich erst vier, denn ich bin am 15.12.1963 geboren. Da hat man mich wahrscheinlich dem Täter erst einmal vorgestellt und ihm Gelegenheit gegeben, ihn scharf zu machen, um den Preis zu steigern.

So unglaublich es klingt: Ich wurde von meinen Eltern an den pädophilen, nicht unvermögenden Cousin meines Vaters verschachert, um sich einen Batzen von seinem Erbe unter den Nagel zu reißen. Mit fünf wurde ich praktisch von meinen Erziehungsberechtigten für die Entlohnung der abartigen Lustbefriedigung des eigenen Verwandten zum offiziellen Freiwild erklärt!

Ein Kind besitzt sehr viel Fantasie, aber solche Abgründe sind außerhalb seines Vorstellungsvermögens.

Im Rückblick glaube ich, dass der erste Missbrauch schon im Frühjahr 1969 geschah, also ein Jahr nach dem ersten Besuch.

Ich erinnere mich, dass ich auf seinem Schoß saß und malte. Mama kümmerte sich um Carolin und unterhielt sich mit Zenzie, der Dämonenschwester und Frau W., ihrer Freundin, während mein Vater sich ganz wichtig mit Xaver, dem Dämonenbruder, unterhielt.

Was für eine Familie: Zenzie und Xaver als Dämonengeschwister und ein Mann namens Adolf T. als Dämonenmonster!

Nach gut zwei Stunden sagte mein Vater:

„*Dann fahren wir jetzt.*"

Das war das Losungswort für Adolf T. Er nahm mich an die Hand und ging mit mir in sein Zimmer im ersten Stock. Schon unten hatte er mich gelockt, dass ich von ihm was Schönes bekomme, aber dann müsse ich mit ihm gehen.

Er öffnete die Schranktür seines alten Sekretärs, holte eine Plastiktüte raus und gab sie mir. Ich sagte brav *Danke* und wollte schon gehen. Da hielt er mich fest und sagte, er wolle ein Bussi. Ich gab ihm ein Bussi auf die Wange. Doch das reichte ihm nicht. Er drückte meine beiden Wangen zusammen und schob seine Zunge in meinen Mund. Es war unvorstellbar ekelhaft. Sein Speichel rann mir zu beiden Seiten meines Mundes runter. Als er mich endlich losließ, lief ich total verstört die Treppen runter, ging ins Wohnzimmer und wischte mir seinen widerlichen Speichel weg.

Ich sah mit weit aufgerissenen Augen die Erwachsenen

an, in Erwartung, dass man mich besorgt ansah und nach dem Grund des Geschehens fragte. Doch Vater grinste fies, und Xaver, Zenzie und meine Mutter machten auf dummkomisch kreuzbrav. Bald käme der Papst rein und spräche sie auf der Stelle heilig.

Keiner sagte was. Als der Täter kurz darauf den Raum wieder mit seiner Anwesenheit verpestete, verkündete Vater, dass wir jetzt nach Hause fahren.

Nach Hause?

Man hatte es mir eben gestohlen.

Im Frühling war es in Laim wunderschön. Die Familie T. besaß einen riesengroßen Garten und einen schwarzen Kater, den Micki. Im Garten standen viele Johannisbeer- und Stachelbeersträucher. Ich mochte es, durch sie durchzukriechen und mich hinter ihnen zu verstecken und ihre süßen und sauren Früchte zu naschen. Vor allem die Stachelbeeren mochte ich. Die Beete mit den Salaten und Kräutern waren nicht so mein Fall. Im Gegensatz zu den vielen Blumen. Die Obstbäume liebte ich besonders. Es war wirklich ein wunderschöner Garten.

Der Täter ließ es in puncto Spielsachen für uns an nichts fehlen. Selbst eine Schaukel ließ er für uns, Thomas, meinen vier Jahre älteren Halbbruder, meine Schwester Carolin und mich, aufstellen. Im Sommer 1969 spendierte er uns sogar ein Planschbecken und einen großen Hüpfball. Er spielte mit mir, und mir hat das gefallen. So wie Onkel Adolf hatte mein Vater nie mit mir gespielt. Und weil er mich ja so gerne mochte, bekam ich jeden Sonntag immer meine Süßigkeiten, bevor wir nach Hause fuhren. Das war das „Ritual": Mit Onkel Adolf in sein Zimmer gehen, mich fest an ihn drücken und von ihm meine Wangen so fest zusammendrücken zu lassen, dass sich mein Mund öffnete und er mir seine Zunge reinschob.

Warum schreibe ich das, dass es mir gefallen hat, mit ihm zu spielen, trotz dieser widerlichen Zungenküsse? Ich bin nach wie vor entsetzt darüber, etwas zu schreiben, das der Wahrheit entspricht und dem gesunden Verstand so ins Gesicht schlägt. Aber ich war ein Kind. Ein Kind, das keine andere Welt kannte, als die, die von den Erwachsenen bestimmt wurde, von diesen göttergleichen Wesen, die es sich als ihr natürliches Recht herausnahmen, dass sie unangreifbar waren und man sie nicht infrage stellte, weil sie von Natur aus immer alles richtig machten. Das, was dieser sabbernde alte Mann mit mir machte, muss für mich ein Sprung in der „Götterschüssel" gewesen sein. Ein Sprung, der die Schüssel nicht zerbrach. Ich habe mir damals als Kind nicht den Kopf darüber zerbrochen. Ich war weder in der Lage, darüber nachzudenken, noch es einzuordnen.

Wie kann ich dieser Szene entrinnen, die meine „Videokassette" unaufhörlich abspielt?
Wir spielen im Winter, es muss der Winter 1969 gewesen sein, mit Onkel Adolf *Mensch ärgere Dich nicht.* Wir spielten jeden Sonntag was anderes aus der Spielesammlung, das war immer ganz schön. Nach etwa zwei Stunden sagte mein Vater:

„*Dann fahren wir jetzt.*"

Onkel Adolf steht auf und sagt zu mir und Carolin:

„Jetzt kommt mal mit nach oben, ich hab eine Überraschung für euch."

Er nimmt Carolin an die rechte Hand und mich an die linke und geht mit uns in den ersten Stock, wo er und Xaver ihre Zimmer haben. Er setzt sich vor seinen alten Sekretär öffnet eine Schranktür, holt eine Plastiktüte raus und gibt sie mir. Wir schauen rein und freuen uns: Sie ist voller Süßigkeiten. Wir bedanken uns artig.

Dann schickt Onkel Adolf Carolin aus dem Zimmer und sagt:

„Manu kommt gleich."

Carolin geht aus dem Raum. Ich stehe verwundert in seinem Zimmer und kreuze verlegen meine Arme vor dem Schoß. Ich weiß, was jetzt kommt. Er drückt mich wie immer an sich, drückt meine Wangen zusammen, dass sich mein Mund öffnet. Dann schiebt er seine Zunge in meinen Mund ...

Wie soll ich etwas beschreiben, was ich als Kind unmöglich verstehen kann, was mein Paradies in Niederbayern wie ein Tsunami erschüttert und mich mit meiner Kindheit verschüttet hat? Als die zweite Manu, die andere, die der Kindheit beraubte Manu, kann ich nicht beschreiben, was geschah, also rufe ich mein emotionsloses Gedächtnisprotokoll ab, das im Erinnerungstresor meiner verletzten Vergangenheit liegt.

Wie immer schiebt er seine Zunge in meinen Mund.

Doch dann geschieht das unvorstellbar Entsetzliche: Seine lepröse Hand gleitet hinunter zu meinem Höschen, und plötzlich führt er darunter schlüpfend seinen Finger in meine Scheide.

Aus seinem Mund fließt der Geifer. Seine Augen stieren auf mein Geschlecht wie ein schielender Frosch. Nicht lange werden die Augenhöhlen seine Geilheit zurückhalten können. Er hechelt wie ein Bluthund über der Beute.

Ich spüre einen heftigen Schmerz und schreie erstickt auf. Ich will laut schreien, aber ich kann nicht.

Er zieht seinen Finger zurück. Blitzschnell zieht er seine Hose hoch, sein Geschlecht ist ein verschrumpelter Sack mit einem eingefallenen Hautnippel, und ein ekelhafter Gestank schockt meine Nase.

Nachdem er mich endlich losgelassen hat, laufe ich kopflos nach unten. Unterm Laufen wische ich mir den widerlichen Speichel weg.

Als ich ins Wohnzimmer hechele, sehe ich Vaters fieses Grinsen ...

Dann setzte ich mich neben meine Mutter und kuschele mich ängstlich an sie.

Als der Täter ins Zimmer schleicht, huscht das gleiche blöde Grinsen, das ich schon an meinem so Vater hasste, über sein Gesicht.

Dann verabschiedeten wir uns und fuhren nach Hause.

Eine Sequenz meiner „Videokassette" ist ganz besonders schlimm für mich. Die Szene hab ich heute noch vor Augen, als wäre es erst gestern passiert.

Es war wie immer. Erst haben wir schön gespielt. Es war Sommer, es muss 1970 gewesen sein, wir waren alle im Garten. Mutter, Vater, Zenzie und Xaver saßen auf einer Bank. Onkel Adolf, Carolin und ich spielten Verstecken.

Dann sagte mein Vater:

*„Dann fahren wir jetzt."*

Ich ging mit Carolin und ihm auf sein Zimmer. Wie immer gab's die Tüte mit Süßigkeiten, wie immer sagten wir brav *Danke*.

Dann sagte er zu Carolin:

„Du kannst schon mal runtergehen, Manu kommt gleich."

Ich wusste, jetzt spult sich der alte Albtraum ab, der jeden Sonntag von mir Besitz ergriff.

Carolin ist durcheinander. Sie geht zur Tür und hat schon die Türklinke in der Hand und sieht zum ersten Mal, wie er mich festhält, mir die Wangen zusammenpresst und seine Zunge in meinen Mund schiebt.

Carolin reißt die Augen auf, bleibt kurz geschockt stehen und fängt meinen verzweifelten Blick auf.

Dann läuft sie runter ins Wohnzimmer ...

Eines Sommers, ich muss damals neun gewesen sein (Barbara und Ulrike, meine Freundinnen aus Unterhaching, durften auch mitfahren), baute der Täter, weil es so heiß war, das Planschbecken für uns auf. Wir tobten rum und lachten. Irgendwann musste ich dann mal auf die Toilette, trocknete mich kurz ab und ging über den Wintergarten ins Haus. Die Toilettentür schloss einen Spaltbreit über dem Boden ab, sodass man darunter durchschauen konnte. Und plötzlich sah ich ihn unten durchschauen und mir dabei zusehen, wie ich meine Blase erleichterte.

Er sagte, ich soll doch die Türe aufmachen. Hab ich aber nicht. Ich hab nichts gesagt, sondern nur mit dem Kopf geschüttelt.

An dem Tag war es eh krass. Er trug eine dunkelbraune, kurz geschnittene Anzughose mit Hosenträgern und bot seinen eingefallenen Oberkörper feil, außerdem trug er keine Unterhose. Als ich wieder draußen im Garten war, hatte er sich auf die Bank gesetzt; dabei sah ich seinen widerlichen Hautnippel.

Ich hab ihn nicht mehr beachtet und wieder mit den Mädels rumgetobt. Diesmal hatte ich Glück: Weil Barbara und Ulrike dabei waren, musste ich nicht mit auf sein Zimmer. Leider nur dies eine Mal.

Wenn ich gewusst hätte, dass er das nächste Mal mit seinem zu einem leprösen Dorn versteiften Hautnippel in mich eindringen würde, wäre ich auf der Stelle erstarrt. So blieb mir nur für kurze Zeit die Gnade des Unwissens.

## 3. Kapitel: Neubiberg, Unterhaching, Laim

Ich wollte nicht nach München ziehen. Aber es ging nicht anders, weil mein Vater in Ottobrunn gearbeitet hat. So sind wir dann von Niederbayern erst mal nach Neubiberg gezogen, wo mein fast fünf Jahre älterer Halbbruder Thomas eingeschult wurde. Das war 1966.

In Neubiberg wohnten wir in einem uralten Haus (gibt's inzwischen nicht mehr). Unten war eine Reinigung, in der meine Mutter ausgeholfen hat. Wenn sie dort arbeitete, nahm sie mich mit, schon allein, um ihr zur Hand gehen zu können. Jedenfalls wohnten wir oben zu viert in einer superkleinen Zweizimmerwohnung, weshalb mein Vater sich schon früh nach einer größeren Wohnung umgeschaut hat. Schließlich konnten wir dank der finanziellen Unterstützung seines Cousins Ende November 1967 in Unterhaching in eine schöne, großzügige Vierzimmer-Eigentumswohnung einziehen. Das wurde auch Zeit, denn im Juni 1967 kam Carolin auf die Welt, da wurde es furchtbar eng in Neubiberg.

Mit fünf Jahren kam ich in Unterhaching in den Kindergarten, eigentlich eine schöne Zeit. Anfangs war ich noch eine kleine Wilde, die immer das Nachbarmädchen geärgert hat, weil ich sie einfach nicht mochte. Zur Strafe musste ich mich immer wieder in die Ecke stellen und durfte anschließend eine Weile nicht mitspielen. Wie lang ich da stehen musste, weiß ich nicht mehr. Auf jeden Fall zu lang für mich. Oh Mann, war ich da sauer!

Ich weiß, dass ich öfters aus dem Kindergarten abgehauen bin. Bin dann einfach nach Hause gelaufen.

Als ich mit sieben in die Schule kam, war aus der wilden

Manu ein zurückhaltendes, schüchternes Kind geworden.

# 4. Kapitel: Schule und Ausbildung

Die ganzen Schuljahre über habe ich immer eine Freundin gehabt. In der fünften Klasse war erst die ruhige Ursula, in der sechsten dann Anita meine beste Freundin.

Ursula ging nach der 5. Klasse in die Realschule.

Anita wohnte zehn Minuten von mir mit ihren Eltern und ihrer älteren Schwester Ute in einem schönen Haus mit Garten. (Sie wohnt immer noch da!) Sie hatte Komplexe wegen ihrer Hasenzähne und wurde oft gehänselt. Ich wurde zwar nicht gehänselt, aber der große Hit war ich bei meinen Mitschülern jedenfalls nicht, weil ich denen zu langweilig war.

In der 5. und 6. Klasse war ich noch eine ganz gute Schülerin. Wenn ich etwas mehr gelernt hätte, hätte ich sogar die Realschule geschafft. Mein Schwachpunkt war Mathe. Ich hab ja so oft meinen Vater gefragt, ob er mir nicht helfen könne. Aber so nervös, wie der mir das erklärt hat, habe ich nichts verstanden. Dann hat er mich immer angeschrien:

„Du bist ja zu blöd, um was zu verstehen! Was kannst du denn überhaupt? Noch nicht mal die einfachsten Sachen kapierst du. Schau dir mal die Tochter von den Walters an (damit meinte er Ulrike), die geht aufs Gymnasium und wohnt über uns!"

Und dann hat er wie blöd weitergegrölt. Dann bin ich total geknickt und fix und fertig in mein Kinderzimmer und hab geweint, dass die Dämme brachen. Wo war da meine Mutter? Ich weiß es nicht, entweder in der Küche oder im Badezimmer. Keine Ahnung. Ja, toll.

Das hat sich in den weiteren Schuljahren ziemlich oft noch wiederholt, dass er mir gesagt hat, wie blöd ich bin und ich sowieso nix kann. Kam ich aber mit einer guten Note in Englisch nach Hause, fiel sein Kommentar aus.

Mutter hat immer alles unterschrieben, und wenn ich mit 'ner Fünf in Mathe heimkam, hat er nicht nur mich angeschrien, sondern auch meine Mutter aufs Gemeinste beschimpft und beleidigt. Daraufhin hab ich mich immer mehr in mein Zimmer verkrümelt, die schönen Zeiten mit den Nachbarskindern waren ja leider vorbei, hatte sich alles inzwischen verstreut. Viele sind aufs Gymnasium, manche auch in die Realschule, die mussten natürlich viel lernen und hatten so gut wie keine Freizeit. Und sie wurden mir gegenüber auch schon etwas arrogant, weil ich ja nur eine Hauptschülerin war.

In der 6. Klasse lernte ich Jasmin kennen, eins vierundsiebzig, pummelig und Kurzhaarschnitt. Wie ich hatte sie am stillen Wasser gebaut und im Gegensatz zu mir wegen ihres Übergewichts Komplexe. Ich bin ja genau das Gegenteil von ihr: eins siebenundfünfzig, schlank und lange Haare. Wir verstanden uns auf Anhieb. Bei Regen haben wir bei ihr *Mensch ärgere dich nicht* oder *Monopoly* gespielt, sonst waren wir immer draußen.

Ich war ihr Kummerkasten. Auch sie hatte damals Probleme mit ihren Eltern. Ihr Vater war nur am Wochenende da, und ihre Mutter arbeitete ganztags. Sie war sehr einsam. Ich erzählte von mir gar nix, ich war einfach die gute Zuhörerin.

Wir haben es bei unseren Eltern geschafft, uns ein Mofa kaufen zu dürfen! Wow! Wir sind rumgekurvt vom Feinsten!

Im Frühjahr gab's bei uns in der Nähe immer das *Little Ok-*

*toberfest* in der amerikanischen Siedlung. (Wir sagten damals *Amisiedlung* dazu.) Da düsten wir jeden Tag hin und lernten auch Amerikaner kennen, mit denen wir uns noch 'ne Weile getroffen hatten, aber irgendwann schlief das dann ein.

Ich entwickelte mich zu einer richtigen Zigeunerin: heim von der Schule, essen, und dann sofort zur Jasmin.

Meine Noten waren in der 7. Klasse eigentlich noch ganz in Ordnung, doch mit Mathe wurde es nix. Wenn ich mal 'ne Vier geschrieben hab, war das schon toll für mich, weiter kam ich da nicht. Zum Schluss war es im Zeugnis halt immer 'ne Fünf und für meinen Vater Anlass, mich maßlos zu beschimpfen und zu beleidigen. Ich kann mir gut vorstellen. dass mich meine Mama dafür gehasst hat, weil mein Vater jedes Mal, wenn er sich über mich aufregte, meine Mutter immer gleich mit auf die übelste Weise beschimpft hat.

Als Justin, ein Klassenkamerad, mich einmal ins Kino eingeladen hatte und klingelte, um mich abzuholen, öffnete mein Vater die Tür und fragte ihn, was er von mir wolle. Als Justin damit rausrückte, schrie er: *Nein, die muss zu Hause bleiben!* und knallte die Türe zu. Ich stand dahinter und wollte gerade was sagen, als er mich anbrüllte, ich solle mein Maul halten, und was mir einfiele, mich mit einem Jungen zu treffen!

Ich war vollkommen verstört! Was war daran so schlimm? Schließlich war ich schon vierzehn!

Solang ich Barbie gespielt hab, war alles kein Problem. Da durfte ich länger bei einer Freundin bleiben als mit vierzehn. Jedenfalls kapierte ich gar nix mehr.

In dieser Zeit wurden in unserer Klasse öfters Geburtstagspartys gefeiert, zu denen Jasmin und ich gelegentlich eingeladen wurden, was uns natürlich freute, aber ich war immer die erste, die gehn musste, und wehe, ich kam mal fünf Minuten später, mein Gott!, dann hat mich dieser Gnom angeschrien und tierisch beschimpft und beleidigt. (Mein Vater war deutlich kleiner als ich und von Geburt an durch eine Wirbelsäulenverkrümmung, der er einen Buckel und sein gnomhaftes Aussehen verdankte, gehandicapt.) Der hat mich echt in den Boden gestampft mit seiner Boshaftigkeit. Und meine Mutter stand wie immer im Hintergrund und sagte nix …

In der 8. Klasse stürzten meine schulischen Leistungen ab, Freizeit und mit Jungs flirten waren für mich wichtiger, als mich ständig von meinem Vater anmachen zu lassen.

Am meisten hasste ich immer noch diese elenden Sonntage. Wir fuhren ja immer noch nach Laim raus. Eines Tages sagte ich meinem Vater, dass ich nicht mehr mitfahren wolle.

„Spinnst du? Was hast du dir denn jetzt in den Kopf gesetzt! Bist zu blöd für die Realschule und musst zittern, dass du die Hauptschule schaffst, und jetzt willst du auch noch tun, was dir passt! Du kommst mit, sonst haue ich dir so eine hinter die Löffel, dass dir Hören und Sehen vergeht, verstanden?! Was soll denn Onkel Adolf denken? Ist das etwa dein Dank, dass er dir jeden Wunsch erfüllt?"

Mir wurde schlecht. Jeden Wunsch erfüllt? Meinen?

„Wenn du jetzt nicht parierst, steck ich dich ins Internat, dann wollen wir mal sehen, ob dir das gefällt, wenn du sonntags nicht raus kannst!"

Wir standen schon am Auto, als ich meine Eltern anschrie: „Ich will nicht nach Laim!"

Als er mich mit Gewalt ins Auto reinzerren wollte, setzte ich mich widerwillig rein.

Meine Mutter hat natürlich nix gesagt. Musste sie ja, sonst hätte sie einen Riesenstress mit ihm bekommen. Ekelhaft, ich hasste damals Sonntage.

In der 8. Klasse war es mit meiner Schüchternheit vorbei.

Ich ging jeden Tag ins Freizeitheim. Punkt 20 Uhr musste ich zu Hause sein.

Allmählich ging's mit den Jungs los. Mehr als knutschen war bei mir aber nicht drin. Einmal stellte ich mit Heiko den Rekord im Küssen auf. Sage und schreibe satte zehn Minuten Zungenkuss, fleißig von den anderen angefeuert.

Ich fühlte mich superwohl mit den Leuten meiner Klasse. Ungeachtet dessen gingen meine Noten gerade jetzt, wo es wichtig für mich gewesen wäre, voll den Bach runter.

Die 9. Klasse war von den Noten her auf keinen Fall besser. Ich hatte auch überhaupt kein Interesse mehr an der Schule. Ich hab einfach aufgegeben, war ja eh blöd. Mich hat einfach nur alles angekotzt.

Zu Hause hatte ich keine Privatsphäre. Als Thomas noch bei uns zu Hause wohnte, musste ich mir mit Carolin ein Zimmer teilen, da war dann eh nix mit Privatsphäre. Und dann noch diese „Bombenstimmung" zu Hause!

Ab und zu brachte Thomas seine Kumpels und Freundinnen mit nach Hause. Mich wunderte es eigentlich, dass mein Vater das erlaubte. Carolin und ich brachten fast nie Freundinnen mit nach Hause. Wir wollten das auch nicht. Thomas war da anders. Allerdings gab's zwischen ihm und meinem Vater später auch üble Probleme, denn er hing ständig im Freizeitheim rum und fing das Trinken an.

Eines Tages mussten Thomas auf einer Party zwei Freunde nach Hause schleppen, weil er so besoffen war, dass er sich nicht mehr auf seinen Beinen halten konnte.

Es war schon ziemlich spät, als die Freunde bei uns klingelten. Vater öffnete die Türe und tat, solang die Freunde noch in unserer Wohnung waren, recht freundlich. Kaum waren sie draußen, ging er in Thomass Zimmer, wo Thomas wie tot auf seinem Bett lag, und schlug ihm mit einer Gaspistole auf den Kopf.

Thomass Stirn blutete. Meine Mutter ist im Schlafzimmer geblieben, und ich bin aus meinem Zimmer rausgeschossen, hab einen Waschlappen geholt, bin in Thomass Zimmer, hab das Zimmer abgeschlossen und ihm einen Waschlappen auf die Stirn gelegt.

Kurz drauf ist Thomas zu einem Kumpel gezogen.

Ich hasse meinen Vater.

Jetzt hatte ich ein eigenes Zimmer.

Ungestört allein fühlte ich mich trotzdem nicht: Mit vierzehn hatte ich angefangen, ein Tagebuch zu führen, zwei, drei Sätze mehr nicht. Nicht so viel wie hier.

Während ich in der Schule war, verräumte meine Mutter

ständig meine Sachen im Zimmer, sodass ich die Sachen, die mir wichtig waren, immer suchen musste, weil sie sie wieder woandershin geräumt hatte.

Eines Tages dachte ich, ich hüpf im Dreieck. Ich kam von der Schule nach Hause, ging in mein Zimmer und sah sofort, dass jemand mein Tagebuch in der Hand gehabt hatte. Meine Mutter. Da war ich mir absolut sicher. Aber ich hab mich nicht getraut, was zu sagen.

Ab jetzt schrieb ich fast nix mehr rein.

Ich hatte damals schon Schlafstörungen und las deswegen immer noch was, obwohl ich selbst das nicht durfte und mein Vater deshalb immer an meinem Zimmer vorbeilief, um zu kontrollieren, ob bei mir noch Licht brannte. Wenn er mich erwischte, schnauzte er mich an, ich solle sofort das Licht ausmachen, morgen sei wieder Schule – kein Wunder, dass ich keine guten Noten nach Hause brächte, wenn ich so lang wach bliebe, und blablabla.

Eines Tages erfuhren wir, dass im Fasangarten (Stadtteil von München) eine Diskothek war, wo man unter achtzehn rein durfte. Am Sonntag. Dann war sozusagen Kinderdisco von 14–18 Uhr.

Mittlerweile war ich voll der Jungenschwarm. Warum auch immer, die fanden mich hübsch, obwohl ich so klein bin. Na ja, ich hatte lange dicke Haare. Auf jeden Fall war ich da voll in meinem Element und hab mit den Jungs geflirtet auf Teufel komm raus. Hab mich ja immer recht schnell verliebt, aber außer Knutschen war bei mir nichts drin. Trotzdem musste ich zu diesem Zeitpunkt immer noch mit nach Laim fahren, da war ich schon fünfzehn. Anschließend fuhr ich sofort in die Disco.

Einmal hatten Sabrina (eins siebzig, kurze blonde Haare, normale Figur, eine ganz Liebe), Bärbel (eins achtundsechzig, schlank, kurze dunkelblonde Haare, sehr lebhaft), Marion (vogelwild, über eins siebzig, kurze braune Haare, sehr weiblich, extrem aufgedreht) und ich mit Absicht unseren Bus verpasst.

Wir hätten um kurz vor 18 Uhr raus müssen aus der Disco, hatten aber noch keine Lust dazu. Oh Mann, wären wir doch nur brav zu unserem Bus gegangen!

Plötzlich tauchten Zivilpolizisten auf. Uns haben sie gleich als erste kontrolliert, weil wir gleich am Eingang saßen. Die Einzige, die schon sechzehn war, war Sabrina. Unter sechzehn musste man um 18 Uhr die Disco verlassen. Jetzt mussten Marion, Bärbel und ich mit der Polizei mit, und die fuhren jeden von uns nach Hause und gingen dann noch mit zu den Eltern rein. Ich war leider die erste.

Meine Güte, war das ein Palaver, als der Polizist rausging! Ich bin dermaßen abartig beschimpft worden – grad, dass ich keine Ohrfeige bekommen hab, das ist alles. Aber in dem Moment hätt ich mir eine Ohrfeige gewünscht, dann hätt ich es hinter mir gehabt. Mein Vater war so bös, dass ich ihn immer als bösen Gnom gesehen hab. Furchtbar. Jeder von uns hatte Angst vor ihm. Deswegen war auch immer eine Scheißstimmung zu Hause.

Meine Mutter und ich wurden von ihm psychisch total fertiggemacht.

Die Sonntagsfahrten nach Laim hörten erst auf, als ich mit

sechzehn eine Lehre als Friseurin begann. Da hatte das pädophile Dämonenmonster eh kein Interesse mehr an mir, denn da war ich für ihn schon viel zu alt, und Vater hatte mit Sicherheit die finanziellen Zusagen schon in trockenen Tüchern.

Während der Lehre ging ich nach wie vor ins Freizeitheim, für die Disco war ich ja noch zu jung. Aber obwohl ich viele Verehrer hatte, blieb es bei mir immer noch nur beim Knutschen.

Ich fühlte mich pudelwohl, von so vielen Jungs angehimmelt zu werden. Da hatte ich wenigstens das Gefühl, dass ich nicht nur „Müll" war, denn die mochten mich.

Wenn ich vom Freizeitheim nach Hause kam (ich weiß jetzt nicht mehr, um wie viel Uhr ich zu Hause sein musste, ist ja schon ewig her), ging ich immer ins Wohnzimmer rein und begrüßte meine Eltern. Vater hat mich dann immer gleich blöd angeschnauzt, ich solle aus dem Wohnzimmer rausgehn, ich stänke nach Rauch. Und wehe, ich finge an zu rauchen, dann sei aber was los.

Die ganzen Jahre hab ich immer gehofft, dass ich auch mal ein positives Feedback bekommen würde, wenn ich mit guten Noten nach Hause kam oder von der Arbeit und einfach nur mal erzählen wollte, wie schön mein Tag war. Aber nix ist passiert, weder von meinem Vater noch von meiner Mutter. Dann ging ich immer ganz geknickt in mein Zimmer, hab Musik gehört, gelesen und immer wieder schlaflose Nächte gehabt. Kein Wunder, dass ich in der Früh so schwer rauskam.

Ab der 8. Klasse wurden wir Schüler zusammengewürfelt, weil viele Schüler nach der 7. Klasse in die Realschule gingen. Es gab 4 Siebte-Klassen, aus denen dann zwei 8. Klassen gemacht wurden. Und so lernte ich Justin kennen. Ein hübscher Junge. Ich fand, er hatte Ähnlichkeit mit Elvis Presley. Dunkelbraune glatte Haare, stufig geschnitten, eins achtzig groß, schlank. Ich hab ihn gesehn und mich sofort total in ihn verliebt. Da war ich natürlich nicht das einzige Mädel.

Justin lernte ich mit siebzehn kennen, und ich war stolz wie Oskar, dass er sich auch in mich verliebt hatte. Unter der Woche trafen wir uns abends im Freizeitheim und sonntags in der Wirtschaft, *Sedlmayer* hieß die damals. Die Jungs spielten Karten, und wir Mädels unterhielten uns. Es waren auch noch ältere dabei, die wir noch von der Schule und vom Freizeitheim kannten. Auch Thomas verkehrte dort mit seinen Kumpels.

Justin und ich sahen uns jeden Tag.
Eines Tages stellte er mich seinen Eltern vor.
Die mochten mich total gern.
Ich war superglücklich mit Justin. Er war auch mein erster Junge, mit dem ich geschlafen habe, und ich war für ihn ebenfalls das erste Mädel. Wir benutzten damals *Patentex oval*, so ein Schaumzeug. Mann, das war vielleicht für uns beide eine Blamage! „Danach" mussten wir immer heftig lachen.

Als ich endlich achtzehn wurde, war Carolin vierzehn. Sie hatte alles richtig gemacht und war von der Hauptschule in die Wirtschaftsschule gegangen, die sie dann auch erfolgreich abschloss. Jedenfalls wurde sie von meinem Vater gelobt ohne Ende. Trotzdem baute auch sie ab und zu einen so großen Mist, den ich mir bei meinem Vater nie getraut hätte.

Am Wochenende traf sie sich meist spät abends noch heimlich mit ihren Leuten, was von meinem Vater natürlich strengstens verboten war. Was aber macht Carolin? Sie steigt durchs Fenster, springt vom Balkon und geht zu den Leuten, die schon auf sie warten.

Nach ein paar Stunden kommt sie wieder nach Hause, begleitet von männlichen Beschützern, die am Balkon eine „Räuberleiter" bauen und sie durchs Fenster steigen lassen.

Das wusste natürlich nur ich. Und selbstverständlich habe ich das auch meiner Mutter nicht erzählt.

Doch eines Tages hat mein Vater irgendwie Wind davon bekommen und Carolin zu sich gerufen.

Plötzlich zog er einen Gürtel und schlug damit vor meinen Augen auf meine Schwester ein. Ich hatte vorher bereits geschlafen und hatte nur einen Pyjama an, es war Winter und es lag viel Schnee. Ich war so geschockt, dass ich so, wie ich war, aus dem Fenster stieg und bei dem Nachbarblock schräg gegenüber klingelte. Ich hab geweint und gezittert. Dann hat mich ein Junge mit dem Mofa zu Justin gebracht.

Seit diesem Vorfall wohnte ich bei Justin. Ich hab es einfach nicht mehr ausgehalten zu Hause.

Meinen Quali hab ich nicht geschafft, obwohl ich ihn hätte locker schaffen können. Ich hätte auch in die Realschule gehn können. Aber mir fehlte einfach das Selbstvertrauen.

Ich wollte unbedingt Friseurin werden. Als mein Vater davon erfuhr, hat er sich bombastisch aufgeregt und mich gefragt, ob ich denn jetzt total das Spinnen anfinge oder was. Und dann zählte er mir die Namen etlicher Nachbarmädels auf, die alle einen guten Quali hatten oder auf der Realschule oder sogar auf dem Gymnasium waren. Das hätte ich auch machen können, wenn es mir nicht kaputt gemacht worden wäre, dachte ich. Jedenfalls hat mein Vater doch glatt hinter meinem Rücken einen Vertrag bei einer Augenärztin abgeschlossen, ohne mit mir darüber zu reden.

Ich konnte es einfach nicht glauben! Ja, und dann musste ich im September 1979 da anfangen. Mein Gott war das schrecklich, dabei kannte ich die Ärztin und die Arzthelferin, weil ich mit zwölf wegen meiner Brille da war.

Die beiden Arzthelferinnen arbeiteten schon viele Jahre in der Praxis und schikanierten mich von Anfang an.

Dann kam für mich der Megahammer: die Berufsschule. Ich war die einzige Hauptschülerin in der Klasse. Als ich da zum zweiten Mal hin bin, hieß es, wir müssen ins Labor.

„Wieso Labor?", fragte ich die Lehrerin. „Ich arbeite bei einer Augenärztin und hab nichts damit zu tun."

Sie sagte, das sei egal, deswegen müsse ich trotzdem ins Labor. Okay, ging ich eben mit ins Labor. Ich fragte mich nur, was wir da jetzt tun sollten. Sagt die doch glatt, dass wir jetzt lernen müssten, uns gegenseitig Blut abzunehmen. Da bin ich aufgesprungen und hab ihr gesagt, dass ich das auf keinen Fall machen würde.

„Okay", sagte sie, „dann gehst du eben nach Hause, und ich werde mich mit deiner Chefin in Verbindung setzen."

War mir im Grunde zwar vollkommen egal, das Problem war nur mein Vater. Mich hat das eh so geärgert, dass er das alles hinter meinem Rücken ausgemacht hat. Ich hatte mich ja schon in dem Friseursalon erkundigt, ob ich dort in die Lehre gehen könne, und die Chefin hatte gesagt, dass ich auf jeden Fall anfangen könne.

Am nächsten Tag rief meine Chefin meinen Vater an und bat ihn, abends in ihre Praxis zu kommen. Das Resultat war, dass sie meinem Vater gesagt hat, dass Sie mich nicht weiterbeschäftigen könne, wenn das mit der Schule nicht funktioniere.

Ende November war's dann vorbei mit der Arzthelferin. Ich konnte dann noch mal kurz in die Hauptschule, und im März 1980 fing ich die Lehre als Friseurin an. Das war mein Beruf, da war ich glücklich. Meine Chefin und ich verstanden uns sehr gut. Das erste Jahr war echt schön, nur im zweiten Lehrjahr gab's mit mir Probleme in der Berufsschule, weil ich angefangen hatte, die Berufsschule zu schwänzen und mir die Entschuldigungen selber geschrieben hab, was ich gar nicht machen durfte, denn schließlich war ich noch nicht achtzehn.

Jasmin, die auch Friseurin lernte, hat ab und zu auch mit mir geschwänzt, aber meistens bin ich allein in der Stadt rumgelaufen.

Das konnte natürlich nicht ewig gut gehen, von den Noten mal ganz abgesehen ...

Eines Tages erhielt meine Chefin einen Brief von der Berufsschule. Ich hatte tatsächlich den Rekord in Fehltagen geschlagen.

Gott sei Dank wurde ich aber nicht rausgeschmissen, sondern musste versprechen, regelmäßig in die Berufsschule zu gehen.

Mein Vater flippte total aus. Es war so schlimm, dass ich mir, auch wenn sich das jetzt total blöd anhört, echt gewünscht habe, dass er mir eine scheuerte, nur damit es dann erledigt war.

Im dritten Lehrjahr kam ein neues großes Problem auf mich zu.

Zu diesem Zeitpunkt wohnte ich aber schon nicht mehr zu Hause, sondern bei Justin.

## 5. Kapitel: Justin, Arbeit, Freizeit, Schwangerschaft

Bei Justin ging's mir erst mal gut. Ich fühlte mich sehr wohl in seiner Familie. Trotzdem belasteten mich die Auseinandersetzungen mit meinem Vater sehr. Ich wog damals gerade mal dreiundvierzigeinhalb Kilo und hatte zum wiederholten Mal abgenommen.

In der Zeit begannen meine ersten Beziehungsprobleme mit Justin. In der Clique war alles noch okay, da hatte ich viel Spaß, und wir verstanden uns alle prächtig. Aber meine Eifersucht und mein mangelndes Selbstvertrauen sollten nach immerhin fünf Jahren unser Glück zerstören.

Nach dem Tod von Justins Vater zogen wir nach Neuhausen in ein Apartment. Wir kamen so schon ganz gut miteinander aus, aber meine übermäßige Verlustangst machte alles kaputt. In der Disco habe ich mir zum Beispiel immer wieder eingebildet, dass er nach anderen Frauen schaut, und machte voll Stress, was dazu führte, dass er beleidigt war, und ich auch. Anschließend entschuldigte er sich bei mir, und dann war's wieder gut.

Eines Tages bot uns Justins älterer Bruder Jens an, zusammen mit seiner Freundin ein Haus zu mieten. Ausgangspunkt war, dass ihre Mutter mit uns einziehen sollte, damit sie nicht so allein war.

Am Anfang war noch alles wunderbar. Aber mit der Zeit fing seine Mutter an, auf mich eifersüchtig zu werden, denn Justin war unglücklicherweise ihr Lieblingssohn. Jens hatte dagegen eine Distanz zu seiner Mutter aufgebaut, an ihn kam sie nicht so schnell dran.

Ich ließ mir die Sticheleien lange gefallen. Aber dann überfielen mich plötzlich Panikattacken, ich bekam keine Luft mehr und dachte, ich werde bewusstlos. Es war schrecklich.

Justin und seine Mutter riefen den Notarzt, der mir eine Valiumspritze verpasste. Dieser Vorfall sollte sich über einen längeren Zeitraum noch öfters wiederholen.

Als ich Justin auf die stressigen Eifersuchtsanfälle seiner Mutter ansprach, meinte er nur, ich solle das nicht so ernst nehmen.

Doch es wurde noch schlimmer, bis ich schließlich Justin angeschrien habe, dass ich es mit seiner Mutter nicht mehr unter einem Dach aushalte. Daraufhin ohrfeigte er mich, was mich so erschütterte, dass ich losheulte, meine Sachen packte und zu meinen Eltern fuhr.

Kaum war ich wieder zu Hause, ging der Stress mit meinem Vater wieder los. Er konnte mich einfach nicht in Ruhe lassen.

Ich ging ganz normal arbeiten, aber dann wurde ich arbeitslos.

Alles in allem war ich gut eineinhalb Jahre zu Hause. Da hatte er genug Zeit, mich psychisch wieder in den Boden zu stampfen.

Untertags schlief ich, und am Abend ging ich aus. Trotz meiner mittlerweile zweiundzwanzig Jahre, durfte ich noch immer nicht zu spät nach Hause kommen.

„Solange du deine Beine unter meinem Tisch stellst, machst du das, was ich dir sage!", war der Kommentar meines Vaters, und er drohte mir, mich auszusperren, wenn ich zu spät nach Hause käme.

Dann kam der Tag, da hätte ich ihn am liebsten umgebracht. Fasching, Februar 1985. Ich kam irgendwann in der Nacht von einem Faschingsball Hatte mit dünnen Klamotten gegen halb zwei morgens nach Hause.
Ich wollte die Wohnungstür aufsperren und kam nicht rein. Klingeln konnte ich um diese Uhrzeit auch nicht mehr.
Ich hörte meinen Vater vom Schlafzimmerfenster rausmekkern. Mutter hat gar nix mehr gesagt, weil dann das Ganze noch schlimmer wurde mit ihm.
Toll, jetzt stand ich bei minus zehn Grad mit dünnen Klamotten und Pumps in der Kälte. Kein Auto, und ich wusste nicht, wohin. Ich überlegte fieberhaft, wo ich um die Uhrzeit noch übernachten konnte.
Da fiel mir der Bruder einer Schulfreundin ein, allerdings musste ich da ein ganzes Stück laufen, bis ich dort war.
Schließlich rief ich ihn an, klingeln hab ich mich nicht getraut.
Gott sei Dank ließ er mich rein.
Dirk hieß er, halb Türke und vier Jahre jünger als ich.
Ich wusste von seiner Schwester, dass er mich anhimmelte. Für ihn war es ein Segen, dass da auf einmal sein Schwarm vor der Tür stand.
Ich legte mich zu ihm ins Bett, er wärmte mich, und dann schliefen wir miteinander.
Am nächsten Tag ging ich dann wieder nach Hause, wo

mich ein heftiger Streit mit meinem Vater erwartete, und ich kann mir vorstellen, dass meine Mutter mich erneut dafür gehasst hat, weil sie anschließend selbst immer fürchterlichen Stress mit meinem Vater bekam. Jedenfalls ödete mich diese Scheißstimmung zu Hause unsäglich an.

Eines Tages meinte mein Vater, ich soll doch mal mit Helmut reden. Helmut wohnte zwei Wohnblöcke von uns bei seinen Eltern und seinem jüngeren Bruder und arbeitete bei einem Werkzeugbau. Die Firma war grad mal fünf Minuten Fußweg von uns entfernt und suchte Leute.

Helmut meinte, ich sollte doch mal fragen, ob sie mich brauchen könnten. Okay, ich ging also rüber und machte einen Termin für ein Vorstellungsgespräch aus. Das hat dann tatsächlich auch geklappt, ich konnte da als Hilfsarbeiterin anfangen. Nach eineinhalb Jahren Arbeitslosigkeit. Da war dann erst wieder mal ein bisschen Ruhe zu Hause. Aber eben nur ein bisschen. Ich muss schon stark überlegen, ob es zu Hause überhaupt einen Tag ohne Psychoterror gab. Meines Wissens jedenfalls nicht. Es war echt zum Heulen. Hab ich auch oft genug gemacht, wenn ich abends im Bett lag.

Auf der Arbeit kannte ich schon ein paar Leute. Die kamen überwiegend ja fast alle aus Unterhaching. Zu meiner freudigen Überraschung arbeiteten Anita und ihre Schwester Ute dort auch schon ziemlich lange.

Der Chef war ausgesprochen nett, und mit den Kollegen kam ich auch gut klar. Die Bezahlung fand ich auch ganz okay.

Aber wie sollte es auch anders sein in meinem Leben? Natürlich ging wieder etwas schief. Wär ja auch sonst ein Wunder gewesen.

Am Anfang war mein Chef ständig in meiner Nähe, um mir alles Mögliche zu zeigen und mich einzuarbeiten. Ich habe meine Arbeit sehr gut gemacht, und er war sehr zufrieden mit mir. Ich war als Springerin eingestellt, was mir sehr gefallen hat, weil die Arbeit nicht so monoton war. Anitas Arbeit hätte ich zum Beispiel nicht machen können. Sie arbeitete in der Stanzerei und machte von früh bis Feierabend immer dieselben Handgriffe. Da hatte ich es schon viel besser.

Irgendwann kamen von unten die Kollegen von der Dreherei zu mir hoch und fragten mich, ob ich den Chef gesehen hätte.

„Der war vorher mal da, aber ich weiß nicht, wo er hin ist", sagte ich.

Das ging so über ein paar Wochen. Meistens hatten sie Glück, denn meistens war er in meiner Nähe.

Eines Tages kam wieder mal ein Kollege aus der Dreherei zu mir hoch und fragte mich nach dem Chef.

„Nein, im Moment nicht", sagte ich.

„Ausnahmsweise, was?"

„Warum?"

„Na ja, der ist doch ständig in deiner Nähe."

Da hab ich mir dann schon meine Gedanken gemacht, mir selber war das ja gar nicht richtig aufgefallen. Ich wusste ja, dass er verheiratet war und zwei kleine Kinder hatte.

Ab jetzt passte ich besser auf, und nun fielen mir auch die komische Bemerkungen der Kolleginnen auf. Der einzige, dem das anscheinend nicht auffiel, war mein Chef. Der war total geblendet von mir.

Eines Morgens kommt mein Chef zu mir und meint, ich soll doch bitte mit ihm zur Halle fahren, weil wir noch dringend eine bestimmte Stückzahl von bestimmten Teilen brauchten, er würde mir helfen, damit es schneller geht.

Dann zeigte er mir, was ich machen muss. Die fertigen Teile kamen in eine Kiste, und er half mir, die Kisten hochzuheben.

Plötzlich waren wir uns ganz nah, weil wir uns gleichzeitig bückten. Und eh ich es realisieren konnte, gab er mir einen Kuss auf den Mund.

Ich war so perplex, dass ich nichts sagen konnte.

„Dafür, dass du so superschnell und gut gearbeitet hast", flüsterte er und strahlte.

Puh, ich bildete mir auch noch was drauf ein! So nach dem Motto: *Wow, mein Chef steht auf mich!*

Ab da bekam ich voll gute Arbeiten.

Er war wirklich extrem oft in meiner Nähe. Irgendwann fragte er mich, ob ich nicht Lust hätte, beim Judo mitzumachen, er sei da Trainer. Sein neunjähriger Sohn wär auch dabei. Ich freute mich riesig, und ab jetzt ging es jeden Dienstag zum Judo. Unterm Training fing er an, mir bei den Übungen immer, wenn er glaubte, dass es keiner sah, ein Bussi zu geben.

Irgendwann trafen wir uns heimlich in der Firma. Seine Frau war mit den Kindern zu Hause. Wir wollten miteinander schlafen, aber es klappte nicht, weil er zu aufgeregt war.

Am nächsten Tag fragte er mich, ob ich Lust hätte, abends zum *Bayerischen Hof* mitzukommen, er habe ein Treffen mit

Geschäftspartnern, anschließend könnten wir in den *Nightclub* gehen, da spiele eine Liveband. Wieder sagte ich freudestrahlend zu, ein Schamgefühl gegenüber seiner Familie hatte ich nicht.

Wir trafen uns im *Nightclub* und tanzten und tranken Champagnerflip. Ich hatte mich so richtig schick gemacht: gelbes, eng anliegendes Kleid, hohe Pumps, geschminkt.

Zwei Tage nach diesem Abend war mein Chef auf einmal so verändert. Als ich allein mit ihm war, sagte er, ich solle um acht Uhr abends in die Firma kommen. Seine Frau wäre auch da.

Ich war geschockt.

Als ich um acht Uhr ins Büro ging, saß seine Frau schon da.

Plötzlich stammelt er, dass er die Rechnung vom *Nightclub* in seinem Portemonnaie gelassen und seine Frau sie gefunden hätte.

Sie hat zu mir nix gesagt, sondern mich nur böse angeschaut.

Dann warf sie ihrem Mann einen schneidenden Blick zu und zischte:

„Entweder sie oder ich!"

Ich saß nur da und brachte keinen Ton raus.


Meine Abende verbrachte ich nun wieder in Unterhaching. Es gab dort ein paar ganz nette Lokale. In einem hat's mir besonders gut gefallen, weil da immer viele Leute drin waren, die ich kannte, und gute Musik gab's auch.

Ich war immer auf Männerfang. Das war mein Spiel. Sobald mir jemand gefiel, wollte ich mit dem ins Bett. Hatte ich mein Ziel erreicht, war's für mich wieder vorbei. Dass ich da schnell meinen „Ruf" als die „Matratze von Unterhaching" weg hatte, konnte nicht wundernehmen. Zunächst war es mir egal, mit der Zeit tat es mir dann aber weh, weil es ja nicht immer stimmte, denn ich brauchte mich nur mit einem Mann zu unterhalten, dann hieß es schon, den schleppt sie ab.

War mein Spiel die späte Rache für den Missbrauch? Dämonisierte ich die Männer, weil der „erste Mann" ein gichtknotiger pädophiler Sexdämon war, wie Klaus Middendorf sagte?

Klaus verdanke ich, dass ich überhaupt wieder das Schreiben angefangen habe. Ich glaubte schon, es verlernt zu haben. Seit der Rumspitzelei meiner Mutter zu der Zeit, wo ich grad das Tagebuchschreiben angefangen hatte, hatte ich die Schnauze voll. Lohnt sich ja doch nicht, dachte ich, kannst ja eh nichts verbergen. Noch nicht mal meine Kindheit konnte ich verbergen.

Das sei ganz klar, sagte Klaus, man könne schließlich nichts verbergen, was schon verborgen sei. Ich sei ein verschüttetes Kind, sagte er. Nur, wenn ich das unter dem Schutt des Missbrauchs verschüttete Kind bergen würde, könne ich wieder zu meiner unbeschwerten Freiheit finden. Das sei nur über das Schreiben möglich, weil Schreiben ein Bewusstseinstransportunternehmen sei, das aus den verborgenen Schächten der Seele die inneren Bodenschätze ans Tageslicht fördern könne.

Ich hab mir das von ihm diktieren lassen, weil ich spürte, dass das ganz wichtig war und ich mich nicht so gewählt ausdrücken kann. Deshalb schreib ich es so nieder, wie Klaus es damals gesagt hat.

Und er sollte tatsächlich recht behalten!

Über „das nachgetragene Tagebuch", wie Klaus es ausdrückte, oder „das Tagebuch der Erinnerung", wie er es manchmal auch nannte, war es mir möglich, mich aus den Trümmern dieses „Tsunamis", der über mich hinwegfegte, als ich den Stöpsel aus der fest verschlossenen Flasche der Erinnerung an den Missbrauch zog, zu befreien.

Darüber werde ich noch berichten, aber jetzt geht es ja um dieses merkwürdige Spiel, das ich damals mit den Männern trieb und die Frage, ob ich mich an den Männern für dieses Dämonenmonster Adolf und diesen bösen Gnom, den mir das Schicksal als Vater bestimmt hatte, rächen wollte. Ich hab Klaus gefragt, was er dazu meint, doch er hat nur gemeint, das müsse ich selber rausfinden, es habe keinen Zweck, wenn er das Spekulieren anfange.

„Ich will es aber wissen", sagte ich. „Ich weiß es nämlich nicht."

„Wieso?", fragte er. „Du spielst doch heute nicht mehr mit den Männern, du bist doch schon viel weiter."

Als ich ihn dann ganz lieb anlächelte, ist er weich geworden. Er sagt, ich wäre seine verborgene Schwester (eine Schwester von ihm, Helga, ist ganz früh gestorben), und ich weiß, dass er mir nichts ausschlagen kann. Nein, für mich ist er kein Bruder. Er ist mein Knuddelbär. Das hat er selber gesagt. Aber ein Knuddelbär ist kein Bruder für mich. Also, ich hab ihn angelächelt, weil ich natürlich neugierig war und wissen wollte, wieso ich damals mit jedem Mann ins Bett wollte. Immerhin bin ich dadurch auf die schiefe Bahn gekommen.

„Nein, du bist vorher schon auf die schiefe Bahn gekommen", sagte Klaus.

„So?", fragte ich. „Warum?"

„Na, durch den Missbrauch", sagte er. „Der Missbrauch war die Initialzündung. Danach war nichts mehr wie vorher. Der Missbrauch hat die eigentliche Manu unter sich begraben und die andere Manu geboren. Die hat sich abgestoßen von der wahren Manu. Das ist wie bei den magnetischen Kräften weißt du? Plus und Minus stoßen sich ab. Gut und Böse ebenso. Wenn ein Positron auf ein Elektron stößt, löschen sie sich gegenseitig aus. Dieser böse Dämon hat das Kind in dir erschüttert, begraben unter dem Vertrauen in die heile Welt von Niederbayern, aber er hat es nicht zerstören können. Das Paradies war nunmehr verschlossen, aber es existierte noch. Der Dämon aus Laim war Manus Galgenberg, aber sie erstand auf, weil die Kräfte des verschütteten Kindes stärker waren als die dämonischen Geister einer abgründigen Seele. Das und Maiko haben dich gerettet."

Maiko ist mein Sohn. Er ist zur Zeit meiner niedergeschriebenen Erinnerungen, 1985, noch nicht geboren.

Ich lächelte meinen Knuddelbär also an.

„War das ein Spiel damals – ein Männerfangspiel? Rache?"

„Ja, es war ein Spiel. Aber nicht aus Rache, glaube ich. Es war vielmehr eine offensive Reaktion auf den Missbrauch. Viele Frauen hätten sich nach dem Missbrauch abgekapselt und Männer gemieden wie die Pest. Aber du hast gewissermaßen mit einer offensiven Promiskuität reagiert. Das erinnert mich an eine karzinomatöse Reaktion. Wenn die Zellen plötzlich bösartig zu wuchern beginnen, dann geht dem eine Ursache voraus. Nehmen wir mal an, der Missbrauch sei eine Zelle, die sich plötzlich gefährlich abnormal verhält und die eliminiert werden muss. Es gibt zwei Möglichkeiten: entweder die Zelle zu isolieren, also sich abzukapseln, passiv zu reagieren, oder aber die Zelle mit sie überwuchernden Zellen zu ersticken, also offensiv aktiv zu reagieren."

Und dann sagte er etwas, was seine Wertschätzung für mich deutlich machte und weswegen ich … Er sagte:

„Also pass mal auf, Manu, ich bin Krebs, ja? Und deswegen habe ich aus falsch verstandener Eigenliebe was Falsches gesagt."

Ich verstand nicht, was er meinte.

„Ich habe eben von bösartig wuchernden Zellen gesprochen."

„Ja."

„Also von Krebs."

„Ja."

„Aber es ist kein Krebs."

„Es ist kein Krebs?"

„Ja."

„Sondern?"

„Ein Tumor."

„Ein Tumor?"

„Ja."

„Versteh ich nicht."

„Ein Tumor ist eine gutartige Wucherung, okay?"
„Okay."
„Also deine überaktive Reaktion, dieses Männerfangspiel, ist nicht bösartig."
„Verstehe. Oh Mann, du verstehst mich so gut."
Er grinste.
„Du bist ja auch Manu. Da muss Mann dich ja auch gut verstehen."

Damals habe ich schon mit den Männern spielen wollen, das war mir schon klar. Nur nicht, warum ich so scharf auf sie war, und wenn ich hatte, was ich wollte, mir sie absolut scheißegal waren.

An einem Abend kam ein junger Mann ins Lokal, den ich vorher noch nie dort gesehen hatte. Er saß mit einem Kumpel am Tisch. Ich saß allein an der Bar. Wir schauten uns an, lächelten uns zu, und schließlich kam er zu mir an die Bar und fragte mich, ob ich nicht Lust hätte, mich zu ihm zu setzen.

„Warum nicht?", sagte ich.
„Wir beißen nicht. Versprochen", sagte er. „Ich heiße übrigens Bruno."
„Ich bin die Manu."
„Hallo, Manu."

Mittlerweile wohnte ich mit Carolin in der Nähe von Unterhaching in einer Zweizimmerwohnung. Ich hatte es geschafft, sie zu überzeugen, dass es besser war, wenn wir auszögen. Es klappte wunderbar mit uns beiden.

Nachdem Brunos Kumpel sich ziemlich schnell verabschiedet hatte, unterhielten wir uns noch ziemlich lange. Anschließend fuhren wir zu mir. Und landeten natürlich wieder im Bett.

Danach trafen wir uns etwa noch zwei Monate ziemlich oft bei mir, dann hatte ich keine Lust mehr auf ihn. Er hat es noch ein paar Mal probiert, mich zu erreichen, aber ich reagierte nicht drauf und ließ ihn fallen wie eine Kartoffel. So war ich.

Ich arbeitete immer noch im Werkzeugbau, erstaunlicherweise hatte man mich noch nicht gekündigt.

Dann passierte etwas, das mein Leben erst mal gewaltig aus der Bahn warf. Ich bekam meine Tage nicht, wartete noch ein paar Wochen und wartete, aber ich bekam sie einfach nicht. Deshalb machte ich einen Termin bei einer Frauenärztin.

Ich hatte mir inzwischen in der Apotheke drei Schwangerschaftsteste besorgt, zwei waren positiv, einer negativ.

Ich war komplett fertig.

Carolin versuchte, mich zu beruhigen, und meinte, ich solle doch erst mal abwarten, was die Frauenärztin sagt.

Und die sagte mir, dass ich schwanger sei.

Ich legte mich auf die Liege, und sie hielt mir ihr Gerät an meinen Bauch. Ich weiß nicht, wie das Ding heißt, auf jeden Fall war es so, dass ich von meinem Baby die Herztöne hörte.

Ich musste weinen. Es war eine Mischung aus Verzweiflung und Freude.

Nachdem ich aus der Praxis raus bin, bin ich zu unserer Wohnung. Carolin war zu Hause. Sie sah es mir an, nahm mich in den Arm und sagte, Manu, das schaffen wir schon. Ich war da übrigens schon in der zwölften Woche. Ich hatte mir schon sehr viel Zeit gelassen, bis ich zur Frauenärztin bin. Ich wollte es einfach nicht wahrhaben. Das war, wo ich mit Bruno zusammen war, und ich die Pille mal zwei Tage hintereinander aus Versehen vergessen habe. Hab mir am dritten Tag noch gedacht, da wird schon nicht gleich was passiert sein, und hab sie ganz normal weitergenommen.

Jetzt stand ich da, in gut zwei Monaten war mein dreiundzwanzigster Geburtstag. Ich sagte erst mal keinem Menschen was, nicht mal meiner Mutter. War erst mal mein und Carolins Geheimnis.

Ich sagte es dann aber kurz drauf doch meinem Chef. Er hatte ganz neutral darauf reagiert. War auch okay. Ich war ja froh, dass er mich nicht rausgeschmissen hatte.

Obwohl mein Bäuchlein unübersehbar wuchs, war ich schon wieder auf Männerfang. Diesmal in der *Pschorr Klause* neben dem Werkzeugbau. Das ist die Kneipe, wo ich mit Justin und der Clique zum Kegeln hinging.

Mittags gingen auch ein paar Kollegen von mir rein.

Marta, die Wirtin, hat zwei Söhne, Mirko und Paul. Mirko ist zwei Jahre jünger als ich und Paul vier Jahre jünger. Mirko ist ein schüchterner, ruhiger Junge. Aber gerade das hat mir so gefallen. Diesmal musste ich mich anstrengen, den wollte ich haben. Wir plauderten oft, er spielte extrem gut Gitarre. Er schenkte mir Konzertkarten für *Toto* und *Frankie goes to Hollywood*. Ich war ganz aus dem Häuschen. Na ja, und da gingen wir natürlich zusammen hin.

Ich half in der Kneipe ein bisschen aus. Mit Marta verstand ich mich gut, sie mochte mich. Keine Eifersucht also wie bei Justins Mutter. Gott sei Dank. Aber unsere Freundschaft hat sich trotzdem anders entwickelt. Wir sind nicht im Bett gelandet. Das heißt, probiert hatten wir es schon, aber er war so aufgeregt, dass es nicht geklappt hat. Und mich hat's auch nicht gestört. Wir verstanden uns einfach, und meine Schwangerschaft störte ihn auch nicht.

Mittlerweile passte ich in keine normalen Klamotten mehr, denn ich war schon im fünften Monat. Ich war natürlich wieder *das* Gesprächsthema Nummer eins in Unterhaching: Manu, die Schlampe, ist schwanger. Mein Gott, die Blicke, wenn ich irgendwo auf der Straße ging! Als wenn es außer mir nix anderes geben würde. Hatten anscheinend gerade nichts anderes zum Lästern, da kam ich gerade recht mit meinem Männerverschleiß – und jetzt auch noch schwanger!

Wie mein Vater darauf reagiert hat, weiß ich gar nicht mehr. Manchmal bin ich direkt froh, wenn ich mich nicht mehr an alle seine Gemeinheiten und Bosheiten erinnern kann. Außerdem wohnte ich ja Gott sei Dank nicht mehr zu Hause.

Am 10.4.1987 war der Termin für die Vorsorgeuntersuchung bei der Frauenärztin. Während der Untersuchung fragte sie mich, ob bei mir alles in Ordnung wäre und ich keine Beschwerden hätte. Nein, sagte ich, es wär alles okay. Das sei komisch, sagte sie, weil sich mein Muttermund schon geöffnet habe und ich sofort in die Klinik müsse. Ich solle umgehend meine Eltern anrufen, damit die mich hinfahren. Die Klamotten sollen sie mir nachbringen.

Ich war geschockt und hatte Angst.

Meine Eltern waren relativ schnell da.

Vater streifte mich mit einem bösen Blick.

Als wir im Krankenhaus ankamen, warteten sie schon mit einem Rollstuhl auf mich. Ab sofort durfte ich nicht mehr laufen.

Sie fuhren mich auf die Station in ein Einzelzimmer. Kurz darauf kam ich in den OP, wo eine Cerclage gemacht wurde, damit das Baby nicht zu früh rauskommt.

Bis zum offiziellen Entbindungstermin Ende Juli, Anfang August musste ich liegen. Ich durfte nicht mal auf die Toilette gehn.

Die Krankenschwestern waren so lieb und haben, wenn sie Zeit gehabt haben, mich ab und zu in den Flur rausgeschoben, damit ich ein bisschen Tapetenwechsel hatte.

Tagsüber war es stocklangweilig für mich. Alle, die ich kannte, waren auf Arbeit. Am Abend war es dann voll schön, da besuchten mich ganz viele Leute. Vor allem Carolin und ihre Freunde, die ich ja auch kannte. Carolin hatte inzwischen unsere Wohnung gekündigt, weil sie sie allein nicht bezahlen konnte, und war wieder zu unseren Eltern gezogen.

Sogar Mirko besuchte mich. Auch meine Mutter ab und zu. Mein Vater einmal, um irgendeinen blöden Spruch abzulassen. Mehr kam eh nicht von ihm.

Eines Tages bekam ich Besuch, mit dem ich überhaupt nicht gerechnet hatte: Heinz, ein Kumpel von Carolin, mit seinem Freund Bernd, den ich von Unterhaching kannte, weil seine Schwestern mit mir in die gleiche Schule gegangen waren.

Am 3.5.1987 um halb sechs in der Früh spürte ich zum ersten Mal schmerzhaft, was Wehen bedeuten.

Ich drückte auf die Nottaste.

Die Krankenschwester sah sofort, was los war, und fuhr mich mit einer weiteren Kollegin runter in den Kreissaal.

Ich fragte, was los sei, und sie sagten, dass ich jetzt mein Baby bekomme.

Jetzt ging alles furchtbar schnell. Ich lag auf einer Liege, und die werkelten da an mir rum, gaben mir „unten" eine Betäubung und setzten mir eine Maske auf, und dann ging's los mit Pressen.

Irgendwann, als mein Baby schon draußen war, schnappte ich auf, wie ein Arzt im Vorbeigehen einen Kollegen fragte, ob mit der Mutter alles okay sei. Mir machte das alles Angst.

Aber ich hörte mein Baby nicht schreien! Irgendjemand sagte, es sei ein Junge.

Und dann setzte auf einmal ein zaghaftes Schreien ein, und im Nu war ich unendlich glücklich.

Doch dann bekam ich mit, dass mein Baby in die Kinderstation musste, und sie fuhren mich erst mal wieder auf mein Zimmer.

Es dauere noch ein bisschen, bis sie mich zu meinem Baby

rüberfahren könnten, sagten sie, es müsste erst versorgt werden. Anschließend rief ich alle möglichen Leute an und erzählte ihnen, dass ich entbunden habe.

Mitten in den Telefonaten tauchte eine Krankenschwester auf und sagte, dass sie mich zur Kinderstation fahren wolle, ich dürfte immer noch nicht gehen, weil ein Dammschnitt gemacht worden sei.

Endlich sah ich mein Baby im Brutkasten. Mein Gott, es war an so vielen kleinen Schläuchen angeschlossen, dass mir sofort die Tränen ins Gesicht schossen. Wie winzig und zerbrechlich es war!

Ich langte mit meiner Hand durch eine runde Öffnung und konnte es gerade mal an der Seite vom Bauch ein bisschen streicheln. Ich blieb, bis mir eine Krankenschwester sagte, ich müsse wieder zurück zu meiner Station.

Kaum war ich in meinem Zimmer, besuchte mich ein Arzt. Sein ernstes Gesicht verhieß nichts Gutes. Er sagte, dass mein Baby viel zu früh auf die Welt gekommen sei, es wäre die siebenundzwanzigste Woche und es wöge grad mal 800 Gramm; es stünde nicht gut um die Überlebenschancen, und falls es überleben sollte, müsste ich damit rechnen, dass es schwerstbehindert sei.

Ich brach weinend zusammen. Die Welt war stehen geblieben. Sie würde niemals mehr in Ordnung kommen.

Am Montag, den 4. Mai 1987, begleitete mich die Krankenschwester wegen der Geburtsurkunde in das Büro der Krankenhausverwaltung. Ich betete inbrünstig, dass mein Junge es schaffte. Mittlerweile hatte er auch einen Namen: Dominik. Inzwischen hatte er es schon auf 1.000 Gramm geschafft. Das machte mir Hoffnung. Doch sie sollte am Dienstag, den 5. Mai, jäh zerplatzen.

Ich war so oft es mir möglich war bei meinem Sohn. Ich streichelte ihn und hätte ihn zu gerne in meinen Armen gehalten, doch das war leider nicht möglich. Ich berührte seine kleinen Zehchen, sein Bäuchlein und legte meinen kleinen Finger in seine Händchen.

Einmal hat er sogar darauf reagiert. Ich sah, wie sich seine Hand und sein Füßchen ein bisschen bewegten, aber es war ein furchtbarer Anblick mit den ganzen Schläuchen. Ich weinte bittere Tränen. Selbst jetzt beim Schreiben kommen mir die Tränen, weil ich alles so seh, als wäre es gerade erst geschehn.

Klaus hat recht, das Schreiben ist ein Zeittunnel, das einen auf den Boden der vergangenen Gegenwart bringt.

Am Dienstag, den 5. Mai 1987, kam um 20 Uhr eine Ärztin auf mich zu und sagte, dass gerade der Kinderarzt angerufen hätte und ihr mitgeteilt habe, dass mein Baby gestorben sei, und ob ich es hier lassen wolle.

Ich war fassungslos und fragte unter Tränen, wie sie das meinte, mit *hier lassen*, worauf sie sagte, na ja, hier im Krankenhaus, und sprach irgendwas von Massengrab.

„Nein!", schluchzte ich. „Er soll ... Nein! Mein Gott!"
Ich schnappte nach Luft.
„Beerdigen Sie ihn! Mein Gott, er muss beerdigt werden!"

Dann brach ich zusammen.

Eine Krankenschwester, die ich besonders gern mochte, kümmerte sich die ganze Nacht um mich und nahm mich mit aufs Stationszimmer. Ich rauchte eine Zigarette nach der anderen, und sie kochte mir eine große Kanne Kaffee.

„Ich muss hier raus", stammelte ich. „Ich halte es hier nicht mehr aus. Hier ist mein Kind geboren und gleichzeitig gestorben. Das ist ein verfluchter Ort."

Die Schwester erschrak.

„Ich verstehe Sie", sagte sie, und ihr Blick irrlichterte im Raum. „Ich werde mich darum kümmern, dass Sie schnellstens entlassen werden."

Am Abend rief ich meine Eltern und Carolin an und teilte ihnen mit, dass Dominik gestorben ist. Ich war total verzweifelt.

Am nächsten Tag holten mich meine Eltern ab.

Ich war am Ende. Auch körperlich war ich mitgenommen. Das wochenlange Liegen hatte mich geschwächt. Ich war total wacklig auf den Beinen.

Und dann wieder bei meinen Eltern wohnen!

Ich kann es einfach noch nicht glauben, dass mein Baby tot ist.

Bruno weiß es bis heute nicht.
Warum?
Keine Ahnung.
„Klaus, weißt du es?"

Ich sah mich um. Die Tränen verschleierten meinen Blick.

„Klaus, du weißt doch immer alles. Wo bist du?"

Aber Klaus war nicht da.

Erst später wurde mir bewusst, dass Klaus ja woanders war und ich von ihm getrennt war.

Ich war oft allein in der letzten Zeit. Aber jetzt litt ich darunter.

6. **Kapitel: 1987 – 1989**

Am 6. Mai 1987 holten mich meine Eltern vom Krankenhaus ab. Ich schloss mich in mein Zimmer ein und verkapselte mich vor der Welt.

Carolin wusste auch nicht, wie sie mir helfen konnte. Sie hatte einen großen Freundeskreis und überredete mich, am Abend mit ihr in ihr Stammlokal in Thalkirchen zu gehen, damit ich auf andere Gedanken käme.

Ich wollte erst nicht, aber schließlich gab ich mir doch einen Ruck, obwohl ich gerade mal zwei Tage aus dem Krankenhaus war.

Das Lokal war ein nettes Griechisches Restaurant. Zwei Musiker spielten live und sorgten für gute Stimmung, die die Leute voll mitriss. Es wurde getanzt, Teller wurden zerschlagen.

Ich weiß nicht mehr, wer es geschafft hat, aber irgendjemand von der Clique nahm mich an der Hand, und plötzlich stand ich auf der Tanzfläche.

Wir bildeten einen Kreis, und dann wurde Griechisch getanzt. Für kurze Augenblicke konnte ich sogar ein bisschen abschalten. Das hielt aber nicht lange, denn mittendrin wurde ich wieder von einem Weinkrampf geschüttelt.

Für die Leute war es nicht einfach, denn sie wussten nicht, wie sie mit mir umgehen sollten. Auch Carolin war verunsichert.

Ich weiß jetzt auch nicht mehr, an welchem Tag es passierte, ich war noch nicht lange zu Hause und ich war allein in der Wohnung. Ich musste auf die Toilette. Plötzlich wurde mir schwindlig. Ich hatte ein ganz mieses Gefühl.

Ich nahm den kleinen Handspiegel und hielt ihn auf den Dammschnitt: Er war aufgeplatzt!

Ich war total benommen. Irgendwie schaffte ich es zum Flur, wo das Telefon stand, rief in der Klinik an und bestellte ein Taxi. Wieder in dieses Krankenhaus des bösen Fluchs, mein Gott war das schrecklich. War nicht mein ganzes Leben ein Fluch? Was hatte ich getan, damit ich unter den Bannstrahl der schwarzen Sonne geriet? Ich war mit den Nerven restlos runter.

Wieder warteten sie mit einem Rollstuhl an der Notaufnahme auf mich. Eine Krankenschwester fuhr mich zur Gynäkologischen und brachte mich in ein Dreierzimmer. Ich kam zu zwei krebskranken Frauen, die Chemo bekamen. Mir war unglaublich elend.

Bei mir hatte sich die Wunde entzündet, und ich bekam mehrmals am Tag Kamillensitzbäder. Die Entzündung musste weg, deshalb musste noch mal genäht werden. Der blanke Wahnsinn. Bis die Entzündung verschwand, vergingen ein paar Tage.

Dann war es soweit, sie brachten mich in den OP und nähten mir die Wunde erneut zu.

Nach dem Eingriff kam ich in ein anderes Zimmer. Ich hatte vorher die Krankenschwester darum gebeten. Wieder kam ich in ein Dreierzimmer. Neben mir lag eine Frau, die bitter weinte. Sie hatte im neunten Monat eine Totgeburt.

Dann kam der Tag von Dominiks Beerdigung. Die Ärzte wollten mich erst gar nicht gehen lassen, und ich musste unterschreiben, dass ich auf meine eigene Verantwortung da hinfahre; anschließend müsse ich sofort wieder ins Krankenhaus.

Der Tag von Dominiks Beerdigung war der schlimmste Tag in meinem Leben. Am liebsten hätte ich mich auf den Sarg gelegt. Es war unbeschreiblich schlimm. Ich kann bis heute noch nicht so oft zum Grab gehn. Wenn ich da steh, könnt ich ewig heulen.

Nach zehn Tagen Aufenthalt durfte ich das Krankenhaus endlich wieder verlassen.

Ich trauerte ohne Ende. Allein.

Bei meinen Eltern herrschte wieder der normale Alltag. Carolin ging in die Arbeit. Und mein Vater war wieder voll in seinem „Element". Er fing doch tatsächlich an, mich anzumotzen. Ich war total fertig, und er fängt zum Motzen an und meint doch glatt, ich solle mich nicht so anstellen, von einem ehemaligen Arbeitskollegen sei das Kind mit vier Jahren gestorben, das sei viel schlimmer. Ich hätte ihn umbringen können. Warum konnte er mich nicht einmal in so einer schlimmen Situation in Ruhe lassen? Jeden Tag lästerte und schimpfte er, ich solle so schnell wie möglich wieder arbeiten gehen, und blablabla.

Trotz Dominiks Tod war ich noch im Mutterschutz. Wie es mir ging, kann man sich leicht vorstellen – nur mein Vater konnte es natürlich nicht: Dem war das alles völlig egal.

Ich hatte ja nicht mal in meinem Zimmer meine Ruhe, weil er ständig reinkam oder vor der Tür stand und rummaulte.

Irgendwann wurde es mir einfach zu viel, und ich ging in die *Pschorr Klause* zu Marta, setzte mich an die Theke, es war spätnachmittags, und bestellte mir einen viertel Liter Wein. Bis zu diesem Tag war ich mit dem Alkohol auf Kriegsfuß gestanden. Noch nicht mal an Silvester hatte ich Alkohol getrunken. Aber jetzt war mir danach. Ich wollte meine Einsamkeit und meine Trauer im Rausch ertränken. Selbst Carolin hatte keinen Zugang mehr zu mir. Ich ließ keinen Menschen mehr an mich ran.

Der Wein schmeckte mir überhaupt nicht. Aber das war mir egal.

Die Wirkung des Alkohols ließ nicht lange auf sich warten. Aber wenigstens konnte ich zu Hause danach einigermaßen schlafen. Und vor allem ließ mein Vater mich Gott sei Dank in Ruhe.

Nach Ablauf des Mutterschutzes ging ich wieder zur Arbeit in die Werkzeugbaufirma. Es fiel mir furchtbar schwer. Am Abend ging ich dann wieder zu Marta. Bei Marta sah ich dann auch Bernd wieder. Er hatte mich während meiner Schwangerschaft mehrmals im Krankenhaus besucht.

In der Kneipe kannten mich natürlich viele Leute. Unterhaching war damals ja fast noch ein Dorf.

Bernd kümmerte sich sehr lieb um mich, das tat mir gut. Ich verliebte mich in ihn, und wir wurden auch ein Paar.

Als ich es Carolin erzählte, warnte sie mich vor ihm. Sie sagte, sie hätte von ein paar Leuten gehört, dass er ziemlich aggressiv sei und ich besser die Finger von ihm lassen solle. Mein Gott, ich hatte das Gefühl, das alles, was ich tat, vollkommen falsch war. Ich war doch so froh, dass jemand da war, der mich liebte. Hab ich damals zumindest gedacht. Oh, Manu, hättest du bloß auf deine Schwester gehört!

Obwohl ich wieder arbeiten ging, machte mich mein Vater ständig fertig. Er hatte ja wieder einen Grund: Bernd. Offensichtlich hatte er irgendwie erfahren, dass ich mit Bernd zusammen war, und von irgendjemandem auch über ihn etwas erfahren.

Von wem?

Keine Ahnung. Unterhaching ist eben ein Dorf.

Klar, dass mich mein Vater wieder angemotzt hat, dass das doch wieder typisch sei für mich, mit so einem Taugenichts zusammen zu sein.

Am 19.6.1987 heiratete mein Halbbruder Thomas Dagmar. Sie mochte mich nicht.

Warum?

Vielleicht war sie auf mein Äußeres eifersüchtig, wobei ich allerdings gleich dazu sagen muss, dass ich niemals von mir behauptet habe, hübsch zu sein.

Seitdem Thomas mit Dagmar zusammen war, verhielt er sich mir gegenüber komisch, obwohl wir uns davor sehr gut verstanden haben. Er war plötzlich so distanziert, dass es mir sehr wehtat.

Er hatte mich zu seiner Hochzeit eingeladen, und trotz meiner Trauer gelang es mir, zu tanzen und einigermaßen unbeschwert zu sein. Nachdem schon viele Gäste gegangen waren, blieb noch der „harte Kern" übrig. Enge Freunde von den beiden. Ich trank zwar Alkohol, bis dahin aber noch alles in Maßen und noch nicht täglich.

Erst war ich angeheitert, und dann wurde ich depressiv. Ich fragte die Leute, ob mich jemand nach Hause fahren könne, und ein Bekannter von Thomas, der keinen Alkohol getrunken hatte, fuhr mich nach Hause.

Ich war total k.o. Und wieder allein mit meiner Trauer.

Am nächsten Abend traf ich mich mit Bernd bei Marta und bestellte mir wieder einen Rotwein. Bernd war wirklich voll lieb zu mir. Am Wochenende übernachtete ich bei ihm. Er wohnte in einem Zweifamilienhaus, das seinem Vater gehörte, der aber schon lange nicht mehr darin wohnte. Seine Eltern waren geschieden. In dem Haus lebte seine Mutter, sie bewohnte den ersten Stock. Seine beiden Schwestern, Claudia und Angelika, teilten sich im Erdgeschoss eine schöne Dreizimmerwohnung. Claudia ist schon Mutter einer kleinen Tochter. Bernd wohnte im Dachgeschoss. Seine Familie mochte mich. Ich kannte ja seine Schwestern von der Hauptschule.

Am Anfang war die Mutter ein bisschen komisch. Aber nach einiger Zeit verstanden wir uns sehr gut. Sie war eine depressive Frau und Alkoholikerin, wie ich mit der Zeit merkte, und tablettenabhängig. Sie konnte die Scheidung nicht verkraften.

Bernd war mir gegenüber sehr aufmerksam. Es tat mir so gut, jemanden zu haben, der mir das Gefühl von Geborgenheit gab, und deshalb verstand ich die Warnung meiner Schwester überhaupt nicht.

Bernd erzählte mir viel von sich. Er hatte wohl auch keine besonders schöne Kindheit gehabt. Sein Vater hat ihn oft geschlagen, und seine Mutter hat sich kaum um ihn gekümmert, weil sie ganztägig in der Arbeit war.

Bei der Polizei war Bernd kein unbeschriebenes Blatt. Er hatte schon mehrere Anzeigen wegen Körperverletzung laufen und hatte deswegen auch schon im Gefängnis gesessen. Als er mich damals in der ersten Woche im Krankenhaus besucht hatte, war er noch nicht lange auf freiem Fuß gewesen. Er wurde genau an dem Tag aus dem Gefängnis entlassen, als ich ins Krankenhaus kam. Das war der 10.4.1987. Er musste sich regelmäßig bei der Bewährungshelferin melden.

Dass er zur Bewährungshelferin musste, machte mir überhaupt nichts aus. Ich dachte nur, dass eben jeder mal Mist baut. Ich hatte da keine Vorurteile.

Als Carolin ihre Ausbildung zur Einzelhandelskauffrau abgeschlossen hatte, schwärmte ich ihr so von dem Job in der Werkzeugbaufirma vor, dass sie sich dort tatsächlich auch bewarb. Und die Stelle bekam!

Am 30.7.1987 kam Carolin ganz blass in den Umkleideraum.

Ich hatte gerade meine Arbeitsklamotten angezogen und fragte sie, was denn los sei?

Sie schaute mich dunkel an und sagte, dass Dagmar gestorben sei.

Ich war total verstört, zog mich sofort wieder an und verließ die Firma.

Drei Tage vorher war ich noch mit Bernd bei dem Zahnarzt, wo Dagmar als Zahnarzthelferin gearbeitet hatte, obwohl ich sauer auf Dagmar war, weil sie immer wieder schlechte Sachen über mich in Umlauf setzte und es brühwarm meinem Vater erzählte.

Als Dagmar Bernd und mich in der Praxis sah, wurde sie sofort blass, und bis heute bin ich fest davon überzeugt, dass sie, als der Zahnarzt sie anwies, eine Spritze vorzubereiten, mit Absicht ein Mittel aufgezogen hat, von dem sie wusste, dass es mir schlecht bekommt: Nach der Behandlung fühlte ich mich jedenfalls hundeelend. – Und jetzt stirbt sie drei Tage später!

Ich bin sofort aus der Firma raus und zu Bernd gefahren. Ich wusste ja, dass er zu Hause war, denn er war arbeitslos.

Er nahm mich in den Arm, und ich heulte ohne Ende. Ich hatte Lust auf Alkohol. Wir gingen in den naheliegenden Supermarkt und kauften eine Flasche Sekt.

Danach ging es mir ein bisschen besser.

Wenige Tage später zog ich bei Bernd ein.

Als ich nach und nach mein Zeug von zu Hause holte, warnte mich Carolin erneut vor ihm, doch ich hörte nicht auf sie.

Am nächsten Tag ging ich zum Arzt und ließ mich krankschreiben. Arbeiten konnte ich jetzt auf keinen Fall. Erst stirbt mein Kind und dann die Frau meines Bruders mit gerade mal

23 Jahren. Das war alles zu viel für mich.

Bernd war in diesem Moment mein einziger Halt. Den hatte ich auch nötig, denn die Kündigung von der Werkzeugbaufirma ließ nicht mehr lange auf sich warten.

Ich war psychisch zu angeschlagen, um auf die Beerdigung von Dagmar zu gehen, ich war nur noch ein einziges Nervenbündel.

Allmählich wurde der Alkohol mein „Freund". Bernd hatte dafür sogar Verständnis. Kurz darauf wusste ich auch, warum. Er konsumierte Haschisch und war von dem Zeug abhängig.

Mutter hat's mir übel genommen, dass ich nicht zur Beerdigung von Dagmar gegangen bin. Ich kam an dem Tag kurz bei meinen Eltern vorbei und sagte zu meiner Mutter, dass ich es nicht schaffe, hinzugehen, doch sie verstand mich einfach nicht.

Niedergeschlagen kehrte ich zu Bernd zurück. Offensichtlich wog für meine Eltern der Verlust des Kindes ihrer eigenen Tochter weniger schwer als der ihrer Schwiegertochter.

Nachdem ich zu Bernd gezogen und weiterhin arbeitslos war, war ich bei meinem Vater noch mehr unten durch, wobei ich mich nach all den vielen Jahren frage, ob es da überhaupt noch eine Steigerung geben konnte.

Wenn mein Vater mich auf der gegenüberliegenden Straßenseite sah, drehte er den Kopf weg und übersah mich bewusst. Er wusste ja bestens Bescheid, wie er mich verletzen konnte. Jedenfalls tat es mir furchtbar weh.

Auf dem Höhepunkt seiner Bösartigkeit erteilte er mir Hausverbot, das heißt, ich durfte weder meine Mutter und meine Schwester sehn, noch mit ihnen telefonieren. Ich war fassungslos.

Inzwischen hatte der Alkohol immer mehr Macht über mich.

Bernd hatte damit kein Problem. Seine Mutter war ja Alkoholikerin.

Nun saßen wir jeden Tag bei Marta in der Kneipe. Es waren ja immer genug Leute dort, die wir kannten und mit denen wir uns gut verstanden. So ging das Jahr 1987 zu Ende.

Silvester wurde natürlich bei Marta gefeiert.

Mittlerweile brauchte ich schon täglich meinen Sekt.

War es der Alkohol? War es die Arbeitslosigkeit? Ich veränderte mich. Ich verhielt mich Bernd gegenüber mit einem Mal alles andere als nett. Ich weiß nicht, warum, aber auf einmal war ich stockeifersüchtig. Wenn wir einkaufen gingen, brauchte er nur zufällig eine Frau anschauen, die mir hübsch erschien, und schon machte ich ihm zu Hause eine Szene und schrie ihn an, was ihm einfiel, in meiner Gegenwart anderen Frauen hinterherzuschauen, und nicht selten beleidigte ich ihn dabei ziemlich krass.

Einmal schlug er unerwartet zu. Ich heulte, aber dann war Ruhe. Kurz darauf nahm er mich wieder in den Arm und entschuldigte sich.

Doch das war nicht das letzte Mal.

Mittlerweile hatte sich in unseren Alltag ein stumpfes Ritual eingeschlichen: Vormittags einkaufen, nachmittags in der Wohnung abhängen – und abends zu Marta.

Ich trank mittlerweile schon zwei Flaschen Sekt am Tag.

Gegen Abend war ich schon immer gut angetrunken, was dazu führte, dass es immer öfters Streit zwischen uns gab, in dessen Verlauf er mich immer häufiger schlug. Was heißt schlug?, prügelte!

Es war furchtbar.

Und trotzdem blieb ich bei ihm.

Im Laufe der Zeit wurde ich im nahe liegenden Krankenhaus ein richtiggehender „Stammgast". Ich hatte ständig Prellungen und blaue Flecken. Und ich verschwendete keinen Gedanken daran, mich von ihm zu trennen.

Eines Abends, als ich ihm wieder eine Eifersuchtsszene gemacht hatte, schleifte er mich ins Schlafzimmer, schmiss mich aufs Bett und schlug mir mit der Faust so lange ins Gesicht, bis er sah, dass das Kissen blutrot war. Er rief ein Taxi, und anschließend fuhren wir ins Stammkrankenhaus.

Er durfte nicht mit ins Behandlungszimmer.

Als der Arzt, der mich schon kannte, sah, verdrehte er die Augen und rief:

„Oh nein, nicht schon wieder!"

Dann fragte er mich, ob ich denn keine Anzeige erstatten wolle.

Ich schüttelte den Kopf. Das hätte ich mich im Leben nicht getraut.

Ich hatte einen Nasenbeinbruch und ein blaues Auge.

Zu Hause hat er sich wieder bei mir entschuldigt.
Ich war total eingeschüchtert und trank meinen Sekt.
Am nächsten Tag war wieder alles „normal".
Wenn bei Marta Ruhetag war, spielten wir abends *Kniffel*.

Allmählich kam wieder alles in Ordnung zwischen uns, und wir hatten guten Sex. Zwar gab es auch Zeiten, wo wir uns stritten, aber ich versuchte immer, mich zurückzuhalten, weil ich Angst hatte, dass er mich wieder schlug. Ich wollte nicht wieder nach Hause zu meinen Eltern und hatte auch Angst vorm Alleinsein. Zu meiner Familie hatte ich kaum noch Kontakt.

Eines Tages kam Bernd auf die Idee, uns einen Hund anzuschaffen, er dachte an einen Schäferhundwelpen. Ich war begeistert und freute mich riesig auf den Kleinen, als wir ihn holten. Es war aber auch ein furchtbar niedlicher Kerl!

Er hatte es aber auch nicht schlecht mit uns getroffen: Wir brauchten nur über die Straße gehn, und schon landeten wir in einem schönen Park, durch den ein lieblicher Bach floss.

Aber jetzt schoss beim Gassi gehn wieder meine Eifersucht hoch! Bernd schaute jedem Mädel hinterher. Das machte mich wahnsinnig! Also gab es nach dem Gassi gehn wieder Streit – Schläge hieß das für mich. Dann packte er mich an den Haaren und schlug mich grün und blau.

Einmal gelang es mir, mich fortzustehlen und die Treppe hinunterzuhasten. Dummerweise stolperte ich und konnte keinen Schritt mehr machen vor Schmerz. Er lief hinter mir her und wollte mich weiterschlagen, sah aber, was mit mir los war, und trug mich wieder hoch.

Ich hatte fürchterliche Schmerzen.

Er legte mich ins Bett und lagerte meinen Fuß hoch, der innerhalb kürzester Zeit schrecklich anschwoll und sich schlimm verfärbte. Er rief ein Taxi, und wir fuhren ins Krankenhaus.

Dort stellte man fest, dass ich im rechten Fuß einen Außenbandanriss hatte. Daraufhin wurde der Fuß eingegipst, sodass ich auf Krücken laufen musste.

Jetzt war erst mal wieder Friede.

Im Februar 1989 fragte mich Bernd, was ich davon hielte, wenn wir heirateten.

Ich war von dieser Idee nicht so begeistert und fragte ihn, warum er denn heiraten wolle, und er erklärte mir, dass es für ihn besser sei, denn er habe noch eine Verhandlung vor sich.

Ich wusste davon nichts und fragte ihn, was denn das mit dem Heiraten zu tun hätte. Es schaue besser aus vor Gericht, sagte er, wenn er verheiratet sei, dann käme er besser weg.

Schließlich ließ ich mich überreden und sagte es meiner Mutter, die ziemlich gleichgültig darauf reagiert. Carolin hielt sich auch zurück. Mittlerweile war sie mit einem Kumpel von Bernd zusammen.

Wir wollten nur standesamtlich heiraten.

Carolin und ihr Freund waren die Trauzeugen.

Wir heirateten am 2.3.1989. Außer den Trauzeugen waren nur meine Mutter und Bernds Schwestern anwesend. Bernds Mutter konnte aus gesundheitlichen Gründen nicht kommen.

Am Abend feierten wir in einer Diskothek.

Nun waren wir Mann und Frau. (Bernd hatte übrigens meinen Nachnamen angenommen.)

Doch kurz nach der Heirat riss die alte Schicksalskette wieder ein mit Streit, Prügel und anschließender Einlieferung ins Krankenhaus. Mein Alkoholkonsum hatte sich inzwischen enorm gesteigert, ich brauchte jetzt schon drei Flaschen Sekt pro Tag, und bei Marta trank ich zusätzlich noch Bier oder einen Schnaps.

Im Oktober 1989 war das Ende nicht mehr aufzuhalten.

Bernd hatte es sich in letzter Zeit angewöhnt, nachdem er mich verprügelt hatte, in der Wohnung einzusperren, das Telefon mitzunehmen und zu einem Kumpel zu gehen. Aber an einem Tag im Oktober hatte er vergessen, mich einzusperren, und ich nutzte die Gelegenheit, packte mir ein paar Klamotten in zwei Plastiktüten, verabschiedete mich schweren Herzens von unserem Hund (ich konnte ihn ja nicht mitnehmen, weil ich ab jetzt ja kein Zuhause hatte), haute ab und ging in die Kneipe direkt am Bahnhof. Also nicht in die *Pschorr Klause*, denn ich wusste ja, dass Bernd am Abend dort mit seinem Kumpel hinging.

Als der Wirt mich Häufchen Elend gesehn hat, hat er mir angeboten, bei ihm eine Weile zu wohnen, worüber ich ungeheuer froh war, weil ich ja nicht zu meinen Eltern nach Hause konnte.

Ich hatte furchtbare Angst, dass Bernd rausbekommen

könnte, wo ich stecke, doch der Wirt tröstete mich und sagte, dass er sich darum schon kümmere und ich keine Angst zu haben brauche.

Am nächsten Tag hat Bernd mich gesucht und von jemandem erfahren, dass ich in der Kneipe am Bahnhof war.

Der Wirt sprach ganz ruhig mit ihm und sagte ihm, dass er mich in Ruhe lassen soll. Merkwürdigerweise funktionierte das dann tatsächlich.

Nach Feierabend kam der Wirt zu mir und kümmerte sich um mich persönlich. Seine Fürsorge ging so weit, dass ich in seinem Bett gelegen bin und wir miteinander geschlafen haben. Es kam so rüber nach dem Motto: Du darfst bei mir schlafen, bekommst Essen und Trinken, und als Dank dafür gibt's Sex. Mir war das alles egal. Hauptsache, ich hatte ein Dach überm Kopf und was zu trinken und zu essen.

Ich blieb eine Weile da. Aber dann hatte ich irgendwann die Schnauze voll von dem Wirt. Irgendwie hat's mich vor dem geekelt.

Am Abend bin ich zu Marta, Bernd war Gott sei Dank nicht da. Ich saß allein an einem Tisch und wusste nicht, wo ich hin soll.

Auf einmal kommt ein Typ auf mich zu, den ich vom Sehen kannte, und fragt mich, ob er sich zu mir setzen dürfe.

Ich sagte: *Na klar*, obwohl ich keine große Lust auf ein Gespräch hatte.

„Dir geht's wohl nicht gut, was?", sagte er und fragte mich, was denn los sei.

Ich erzählte ihm die Geschichte mit Bernd und dass ich

nicht mehr wüsste, wie es weitergehn soll.

Er sah mich nachdenklich an und meinte, dass er mir eventuell helfen könne. Er kenne ein Pärchen, die seien total nett, bei denen könnte ich längere Zeit wohnen. Er müsste nur mal kurz anrufen.

Das tat er dann auch.

Dann kam er wieder an meinen Tisch, grinste mich an und sagte mir, dass ich Glück hätte, es hätte geklappt. Wenn ich wollte, könnte ich heute noch mit ihm zu den beiden hinfahren.

# 7. Kapitel: Bernd, Atze und Chantal

Das Pärchen war wirklich nett.

Atze und Chantal hießen die beiden. Sie hatten ein kleines Appartement von grad mal 35 qm, weshalb ich mich erst mal gefragt habe, wo denn da überhaupt Platz für mich sein sollte.

Die Wohnung bestand aus einem kleinen Flur, in dem auch eine Kochnische eingelassen war. Von hier gelangte man in den Wohnraum, in dem auf der rechten Seite ein Hochbett stand, unter dem mein mit einem Tuch abgedeckter Schlafplatz lag, der aus einer schlichten Matratze bestand.

Sie begrüßten mich herzlich und waren total nett zu mir.

Atze sagte mir gleich, dass ich mir keine Sorgen machen brauche, es wär alles da für mich: Essen, Trinken und Zigaretten. Tatsächlich gab's doch noch nette Menschen auf diesem Planeten.

Chantal verließ grundsätzlich abends die Wohnung. Zur Arbeit, wie sie sagte.

Atze war ein guter Zuhörer und ein guter Koch.

Die ersten Wochen konnte ich mich so richtig erholen. Ich hatte meinen Alkohol, trank immer noch meinen Sekt und war zufrieden.

Eines Abends fing Atze an, mich anzubaggern, er besaß aber auch einen unglaublich verführerischen Charme.

Ich sagte, das könnten wir doch nicht machen, er sei doch verheiratet, da könnten wir doch kein Verhältnis anfangen.

Er lachte nur und sagte, da solle ich mir jetzt mal nicht meinen hübschen Kopf zerbrechen, das ginge schon in Ordnung, Chantal wisse schon Bescheid.

Und was tat ich? Ich schlief mit ihm.

Eines Tages hörte ich Chantal um fünf Uhr morgens zum ersten Mal nach Hause kommen. Die beiden unterhielten sich ganz leise, damit ich ja nicht aufwachte. Sie wussten ja nicht, dass ich wach war.

Was ich mitbekam, klang nicht gut, es klang nach Streit.

Plötzlich hörte ich, wie Atze Chantal schlug und sie fragte, wieso sie so wenig Geld mit nach Hause bringe.

Ich verstand nicht, was sie sagte, sie redete so leise.

Es machte mir Angst.

Als wir alle ausgeschlafen hatten, war zwischen den beiden nach außen hin wieder alles in Ordnung. Allmählich kam ich dahinter, dass die beiden drogenabhängig waren und harte Sachen konsumierten.

Es dauerte nicht lange und Atze eröffnete mir, dass es langsam an der Zeit wäre, dass auch ich arbeiten ginge und mein eigenes Geld anschaffte.

„Mein eigenes Geld anschaffen, sagst du? Heißt das, ich soll anschaffen gehen?", fragte ich ihn.

Er nickte.

„Findst du nicht? Es kann doch nicht angehn, dass Chantal sich die ganze Zeit den Arsch aufreißt und du hier den fetten Lenz schiebst."

„Und du? Schiebst du nicht den fetten Lenz?", konterte ich.

Er sah mich belustigt an.

„Nun mal easy, Mädel. Ich schieb hier nicht den Lenz, sondern die Verantwortung. Was glaubst du, weswegen der Laden hier läuft. Wenn ich hier so locker drauf bin, heißt das nicht, dass ich im Hintergrund nicht die Fäden ziehe. Arbeit hat nicht immer was mit Muskelkraft zu tun. Verstanden?"

Chantal war also eine Prostituierte.

„Beine breit und Cash einstecken – kennst du einen cooleren Job?"

Wär schön, dachte ich, nur hat er vergessen, dass vor Cash einstecken Schwanz einstecken kam.

Am nächsten Abend war's dann soweit. Chantal hatte ein paar Klamotten für mich rausgesucht und fuhr mit mir zum Club. Wohl fühlte ich mich nicht, vor allem weil ich vom Alkohol aufgeschwemmt war und für meine Verhältnisse Übergewicht hatte.

Glitzertresen, rotes Licht, violette Vorhänge und knackige Ärsche auf schwarzen Barhockern, das alles eingetaucht in gedämpfte Soulmusik und einen wattigen Schleier unsichtbaren Schummerlichts. Alles in allem: die perfekte Sündenhölle.

Atze hatte alles schon mit dem Geschäftsführer des Clubs, einem gegelten Bruce–Willis–Verschnitt, gemanagt. Jetzt wusste ich, dass er ein Zuhälter war, der seinen Drogenkonsum finanzierte. War mir aber alles egal. Hauptsache, ich hatte meinen Sekt und was ich eben noch so brauchte zum Überleben.

Die Kolleginnen hatten mich geschminkt, und ich hatte sexy Klamotten an. Ich saß am Tresen wie ein Huhn auf der Stange im Schummerlicht.

Dann kam der erste Freier.

Ich war wie eine Marionette und ging mit dem Freier aufs Zimmer. Pin rein, Cash raus, keine 10 Minuten, 150 Eier. (Seine Eier waren verschrumpelte Klunker in einem ausgetrockneten Hodensack.) Für eine Marionette ein schlankes Geschäft. Ich hatte an dem Abend 5 Freier und kam mit einem Batzen Geld nach Hause.

Die Marionetten–Manu war stolz wie Oskar, konnte sie sich doch endlich was Schönes kaufen.

Aber bekanntlich sind ja Marionetten dumm: Atze hielt natürlich die Hand auf.

„Bist doch sicher froh, dass du jetzt auch deinen Teil zur Wohnung und zur Verpflegung beitragen kannst", säuselte er.

Natürlich war ich enttäuscht, traute mich aber nichts zu sagen. Ich gab ihm das Geld, verzog mich in meine Schlafecke und trank meinen Sekt.

Als Nächstes musste ich mit Chantal zum „Bock". Warum die dazu Bock sagten, weiß ich bis heute noch nicht. Ich musste mich untersuchen lassen und bekam dann den „Bockschein". Ohne diesen Schein durfte man als Prostituierte nicht arbeiten.

Jetzt hatte ich noch mehr Alkohol. Ich musste ja mit den Freiern Champagner trinken. Mittlerweile vertrug ich den Alkohol ganz gut, schließlich trank ich jetzt schon seit 1987.

Atze rief mehrmals täglich im Club an und kontrollierte, wie viel Freier Chantal und ich hatten. Heimlich Geld für mich einzustecken, war ein aussichtsloses Unterfangen. Da war's schlagartig mit Atzes Freundlichkeit vorbei. Zwar schlug er mich nicht, aber drohte mir auf seine freundliche Art, mich aus der Wohnung zu schmeißen. Das wär für mich eine Katastrophe gewesen. Ich hätte ja nicht gewusst, wohin.

Sein Drogenkonsum nahm mittlerweile eine Dimension an,

die mich erschreckte. Ich kannte mich mit Drogen nicht aus, aber ich bekam dann mit, dass sie Kokain nahmen. Inzwischen wusste ich auch, dass er Chantal drogenabhängig gemacht hatte, und nun begann er auch untertags sie öfters zu schikanieren.

„Mach Fenster zu, mich friert's."

Darauf erhob sich Chantal wie ferngesteuert und schloss das Fenster. Kaum saß sie, sagte er:

„Mach Fenster auf, ich schwitze."

Mein Gott, war das übel, der ist dagehockt und hat am ganzen Körper gezittert, und ich wusste nicht, warum. Bis mir dann klar wurde, dass er auf Entzug war. Er war aggressiv und ewig am Rumtelefonieren. Stoff besorgen. Ich war direkt froh, wenn es wieder Abend wurde und ich mit Chantal zum Arbeiten ging. Inzwischen wohnte ich schon zwei Monate bei den beiden, und in dieser kurzen Zeit hatte sich Atze erschreckend verändert.

An einem Tag, als viel Regen fiel, stand Richie vor der Tür. Ich kannte ihn vom Sehen. Er war öfters bei Marta in der *Pschorr Klause* und wohnte auch in Unterhaching. Ich wusste nicht, dass er Atze kannte und war deshalb erstaunt. Dommi, der mich bei Marta auf Atze und Chantal angesprochen und anschließend zu ihnen gefahren hatte, war übrigens Richies Kumpel.

Richie fragte Atze, ob er eine Weile hier schlafen könne. Ich dachte, ja toll, jetzt wird's immer enger in der Bude.

Richie schlief dann bei mir auf einer zweiten Matratze. Ich

wusste ja nicht, dass das alles ein abgekartetes Spiel war, das schon damals, als Dommi mich bei Marta angesprochen hatte, geplant gewesen war. Dommi wusste schon länger, dass es mir schlecht ging, denn er kannte auch Bernd. Ich war sozusagen ein perfektes Opfer für die *Leute des Abgrunds*.

Als Klaus das las, war er ganz beeindruckt und sprach von einem Schriftsteller namens Jack London, dessen wichtigstes Werk, wie er sagte, *People of the Abyss*, *Leute des Abgrunds* hieß, und der sich wie Günter Wallraff unter die Armen der Londoner Elendsviertel gemischt hatte. Klaus sieht natürlich solche Dinge, aber damals hab ich nichts gesehen, ich lief wie Atze und Chantal auf Drogen, nur dass meine Droge *Alkohol* und nicht *Kokain* hieß.

„Klar", sagte Klaus, „dass der Alkohol deinen Blick vernebelt hat, aber du warst ja nicht nur ein Alki, sondern auch eine Marionette. Und beides war Wirkung, aber nicht Ursache."

Klaus liebt es, sich, ich sage immer: wie ein Professor auszudrücken, aber er ist nie so arrogant, dass er so was einfach nur hinklotzt, sondern erklärt die Sachen auch jedes Mal, wenn man sie nicht verstanden hat.

„Dass du damals, ich sag jetzt mal: zu einer Marionette des Schicksals geworden bist, verdankst du dem Missbrauch, einem Akt eines tragisch ungerechten Unglücks. Weil du das als Kind – mein Gott, wahrscheinlich warst du erst fünf! – aber weder verstehen noch verkraften konntest, hat der Überlebensinstinkt bei dir dichtgemacht und die Erinnerung in einer Betonstahlkapsel unsprengbar verschlossen. Du überlebtest zwar, liefst aber auf ferngesteuerten Schienen als *Puppet on a string*, als Marionette des Schicksals herum, die von der Willkür der selbst Gestrauchelten abhängig war, der *Leute des Abgrunds* eben, die selbst Marionetten des Schicksals sind."

Dadurch, dass unsere Sitzungen, wie Klaus immer sagt, aufgezeichnet wurden und er mir die Aufzeichnungen natürlich zur Verfügung gestellt hat, bin ich in der Lage, Klaus' Kommentare in meinen Tagebuchaufzeichnungen (die ich immerhin ausschließlich ihm, wie ich schon erwähnte, verdanke) zu zitieren.

„Wer aber hält die Fäden in der Hand?", fragte mich Klaus damals, als er über die *Leute des Abgrunds* stolperte. „Das Schicksal?

Ist das Schicksal eine Willkürmaschine?

Nein."

„Was ist es dann?", fragte ich.

Er hob die Augenbrauen. Wenn er das machte, sah er meistens ernst und gleichzeitig traurig aus.

„Das wichtigste Gesetz ist das Gesetz der Freiheit", sagte er. „Die Freiheit ist das größte Geschenk, das Gott uns gemacht hat. Das Risiko ist nur, dass es beides zulässt: den Berg *und* den Abgrund. Und der Abgrund will immer den Berg unter sich begraben. Das Gute läuft also ständig Gefahr, vom Bösen verschüttet zu werden.

Als du in die Macht des Dämonenmonsters geraten bist und die Kräfte des Abgrunds deine Kindheit unter den Trümmern des Lasters begraben haben, hat dir offensichtlich kein Gott geholfen, haben sich noch nicht mal deine Eltern sich deiner erbarmt, weil sie selbst ja die treibende Kraft des Unglücks waren. Sie waren es, die in deiner Kindheit, deine Schicksalsfäden geführt haben. Und sie haben dich ins Verderben geführt, um mit deinem Unglück ihre Eigentumswohnung zu finanzieren.

So ist das.

Sie haben dich zur Marionette gemacht.

Was aber hast du gemacht?

Warst du wirklich eine willenlose Marionette?

Nein.

Du warst, so widersprüchlich sich das auch anhört, trotzdem frei. Wenn du es nicht gewesen wärst, hättest du dich schließlich auch später nicht befreien können. Nein, auch damals hattest du einen freien Willen. Und den hast du auch eingesetzt, um die grundlegende Entscheidung als Voraussetzung für deine spätere Befreiung zu treffen: das Band zu deinen Eltern zu trennen.

Das war wirklich eine ganz wichtige Entscheidung, als du dich von Bernd getrennt hast, nicht mehr zu deinen Eltern zurückzukehren."

Der gute Knuddelbär hatte wahrscheinlich recht.

Aber damals konnte ich das noch nicht wissen.

So viel konnte ich noch nicht wissen damals.

Und wenn ich nur geahnt hätte, was noch auf mich zukommen würde, hätte ich durchgedreht und mich von der nächsten Brücke in den Abgrund gestürzt.

Klaus hatte recht: Die andere Manu gehörte zu den *Leuten des Abgrunds*. Und nur die eigentliche, die wahre Manu, konnte sie da rausführen.

Klaus meinte, dass die wahre Manu im *Sleep-Modus* laufen würde.

Was das denn wäre, habe ich ihn gefragt, und er hat mir erklärt, dass das von den Computern komme und bedeutet, dass ein Computer im Ruhezustand ist, aber von dort aus jederzeit wieder eingreifen könne. Selbst die Terroristen würden mit Schläfern arbeiten, die irgendwo völlig unauffällig untertauchten und dann plötzlich zuschlügen.

Es war irgendwie beruhigend: Die verschüttete Manu schlief, hieß das, konnte aber trotzdem jederzeit aufwachen.

Als Richie sich bei Atze und Chantal eingenistet hatte, „schlief" ich noch. Auch mit ihm. Sehr bald schon, denn er gefiel mir.

Bald erfuhr ich, dass jetzt Richie für mich und die Eintreibung des Freiergeldes zuständig war.

Was für Pläne die beiden anderen hatten, wusste ich nicht.

Ich verdiente recht gut, Richie war sehr zufrieden. Einmal kam ich mit 1.600 DM nach Hause und wollte nicht das ganze Geld abliefern, sondern was für mich behalten. Ich sagte ihm das auch und bekam dafür eine Ohrfeige. Das käme überhaupt nicht infrage, sagte er. Mein Alkohol, Essen und Zigaretten müssten ja schließlich auch finanziert werden.

Ich heulte und ging ins Badezimmer. Kurz darauf kam Richie zu mir, nahm mich in den Arm, entschuldigte sich für die Ohrfeige und meinte, dass er für mich eine Überraschung habe, wegen der er das Geld auch brauche.

„Für was?", fragte ich ihn.

Er grinste wie ein Honigkuchenpferd und fragte:

„Na, was hältste von einem Traumurlaub? Weißer Sandstrand, ewige Sonne, tierisch gut gelaunte Typen und heiße Musik. Will uns mal was Gutes gönnen. Und dich verwöhnen. Na, was hältste davon?"

Erst dachte ich, er verarscht mich, aber dann sagte er:

„Was ist denn, Kleines? Meinste, ich verarsch dich? Richie doch nicht! Nee, im Ernst: Ich kauf uns ein Ticket für 14 Tage Traumurlaub, und dann düsen wir ab nach … BRASILIEN!"

Meine Güte, ich war vor Freude komplett aus dem Häuschen!

Das war im Januar 1990. Wir bräuchten nur noch etwas Geld, sagte er, dann wär die Reise gebongt.

Ich war total aufgeregt!

Ab da freute ich mich über jeden Freier.

Im Februar war es dann soweit. Wir flogen nach Recife, satte 14 Tage. Irre!

Nach der Landung dachte ich, ich bekomm keine Luft mehr, so heiß war es! Und eine Luft wie im Botanischen Garten. Da gab's ein Gewächshaus, da war die Luft auch so. War schon sehr gewöhnungsbedürftig. Aber eben auch tierisch geil: Ich war mit Richie in Brasilien!

Unser Hotel war ein schicker Laden mit allen Schikanen. Ich kannte so was bis dahin ja nicht. Ich war mit meinen Eltern zweimal in Italien und zweimal in Spanien gewesen, aber das konnte man absolut nicht vergleichen.

Richie kannte sich in Recife gut aus, was mich erst wunderte, bis er mir dann sagte, dass er jetzt schon zum vierten Mal da wär. Aber er müsse mich leider auch öfters allein lassen, weil er bei Freunden was zu erledigen habe.

Ich wunderte mich, machte mir aber nicht allzu viel Gedanken darüber.

Am ersten Tag ging ich gleich nach dem Frühstück zum Strand und bestellte mir anschließend in einer Strandbar ein Bier.

Es war um diese Zeit schon wahnsinnig heiß, denn es herrschte Hochsommer bei weit über 40 Grad. Wenn man im Sand ging, musste man schnell laufen, um keine Brandblasen zu bekommen.

Am zweiten Tag kaufte ich mir auf dem Markt Sandalen mit Lederriemen. Obwohl Richie untertags oft allein unterwegs war, machte es mir nicht viel aus, dafür war ich an den Abenden nie allein.

Am Ende der ersten Urlaubswoche bekam ich von meinen Sandalen eine Wasserblase und dachte mir nichts dabei, warum auch?, aber die Wasserblase wurde immer größer, bis sie eines Tages plötzlich aufplatzte. Ich besorgte mir ein Pflaster, doch die Wunde entzündete sich, es schaute immer schlimmer aus.

Schließlich fuhr mich Richie zur Apotheke, wo in einem Nebenraum ein Mann die Wunde säuberte und mit einem Verband versah.

Jetzt war es voll blöd für mich, ich durfte nicht mehr ins Wasser und musste ständig aufpassen, dass kein Schmutz an die Wunde kam.

In der zweiten Woche organisierte Richie einen Trip in den Dschungel, der lag zwar schon am Meer, aber es gab kein Hotel, sondern nur in einigen Abständen einfache Hütten. Dort blieben wir zwei Tage. Es war wunderschön. Leider schmerzte mein Fuß immer mehr, und die ärztliche Versorgung war dort recht spärlich, deshalb fuhren wir wieder zurück nach Recife.

Dann kam der Knüller. Vier Tage vorm Abflug, wir waren wieder im selben Hotel, sagte mir Richie, dass er für ein paar Stunden weg müsse und spätnachmittags wiederkomme.

Am Spätnachmittag kam er wieder und leerte seinen Rucksack auf dem Bett aus.

Ich traute meinen Augen nicht: reines Kokain in lauter kleine Tüten verpackt.

Wie viel das war?

Keine Ahnung. Ich fand, dass es viel war.

Am Abend fragte er mich, ob ich ihm einen Riesengefallen tun wolle.

Als ich ihn fragte, um was es ginge, meinte er, ich solle mir ein paar Kokainbeutelchen in meinen ass–slot schieben.

Jetzt wusste ich, wofür ich benutzt worden war.

Ich war sauer.

Er meinte, ich solle mich doch jetzt nicht so aufregen.

„Hey, was soll's? Die Dinger spürst du überhaupt nicht. Schiebst sie einfach in deinen Arsch rein – na und? Sieht doch keiner, und kitzelt noch nicht mal."

Er stand breitbeinig vor mir, als stünde er Modell für das

*Denkmal des unwiderstehlichen Mannes*, und grinste mich siegessicher an.

„Nein, kitzelt noch nicht mal! Ganz bestimmt! Soll ich dir zeigen, wie ich deinen Kitzler streichle, ohne dass es kitzelt und es dir gleich so kommt, dass die Schleusen geöffnet werden müssen, um nicht das Ufer zu überfluten?"

Solche Sachen hatte er drauf.

Und ich verzichtete auf das Denkmal und nahm den ganzen Mann. Manu mag nun mal einen ganzen Mann, der selbst eine halbe Frau schwachmachen kann!

Und wie ich schwach wurde!

Hinterher sagte ich:

„Okay, Richie, ich mach das."

Drei Tage vor dem Abflug durfte ich nichts mehr essen, nur noch trinken. Damit der Darm leer wurde.

Am Tag vor dem Abflug schoben wir uns die Beutelchen in den Hintern. Mein Gott war das komisch. Ich hatte drei oder vier solcher Dinger drin, Richie über das Doppelte.

Ich hatte einen weiten Sommerrock an, damit man meinen Blähbauch nicht sah.

Als wir in München–Riem landeten, marschierten wir ohne Probleme aus dem Flughafen und fuhren mit dem Taxi zu einem Freund von Richie. Der wartete schon auf das Kokain.

Ich wartete, bis ich auf die Toilette musste. Endlich flutschten die Kokainbeutelchen nach und nach raus.

War ich froh, als das Zeug aus mir raus war!

**8. Kapitel: 1989 und 1990**

Nachdem ich bei Chantal und Atze nicht mehr wohnen konnte, ging wieder mein Zigeunerleben los, bevor ich beim zweiten Club anfing. Das hieß, ich musste ständig schauen, wo ich unterkommen konnte. In jeder Kneipe und Diskothek traf ich auf Typen, die mich abschleppten und mit mir in die Kiste wollten. Und ich zahlte immer mit der gleichen Währung: Sex. Dafür bekam ich meinen Alkohol, Zigaretten und Essen.

Einmal schleppten mich zwei Brüder ab, erst schlief ich mit dem einen, dann mit dem anderen.

Ich hatte überhaupt kein Gefühl mehr für irgendwas. Ich war wie ein Stück Holz in einem Wildbach. Aber mit dem Hintergedanken war ich immer auf der Suche nach Liebe.

Klaus, läuft mein Hintergedanke im Sleep–Modus?

Ich sehe ihn lächeln, obwohl er nicht da ist.

Jetzt nickt er. Ganz bedächtig, wie Knuddelbären es eben zu tun pflegen.

Ich höre ihn sagen: *Der Langsame ist der Schnelle.*

Klaus hat immer solche Sprüche drauf. Ich liebe seine Sprüche.

Damals kannte ich nur die Form von „Liebe", die mir als Kind vermittelt wurde: Bist du „nett" zu einem Mann, dann bekommst du auch was „dafür".

Für mich drehte sich alles nur noch ums Überleben, Klaus, um einen Platz, wo ich schlafen, essen und trinken konnte.

*Ich weiß*, höre ich ihn sagen.

Hatte er Tränen in den Augen?

März 1990.

Zwischendurch rief ich immer wieder bei meiner Mutter an und sagte ihr, dass ich nicht mehr weiterwüsste und ständig auf der Suche nach einem Schlafplatz sei.

Sie erzählte mir, dass Adolf (der Täter) in einem Pflegeheim sei und mehrere Schlaganfälle hinter sich hätte. Das Haus stünde jetzt leer.

Mein Vater hat sich dann meiner „erbarmt" und gemeint, dass ich erst mal da einziehn könne.

Endlich musste ich nicht mehr ständig rumwandern und überlegen, wo ich schlafen kann. Mein Problem war nur, dass ich nicht wusste, von was ich leben sollte.

So ging ich zum zuständigen Sozialamt in der Hoffnung, ganz normal einen Antrag auf Sozialhilfe stellen zu können.

Aber was lief bei mir schon normal?

Ich bekam was zum Ausfüllen. Als ich das Formular ausgefüllt hatte, sagte man mir, dass ich, da ich noch verheiratet wäre, eine Unterschrift von Bernd brauche. Wir waren ja noch nicht geschieden.

Ich wusste gar nicht, wie ich an seine Unterschrift drankommen sollte, er wohnte ja mittlerweile nicht mehr in München. Das war wieder alles so was von kompliziert. Also bekam ich auch keine Sozialhilfe. Toll!

Dann fuhr ich wieder „nach Hause". Ausgerechnet das Haus des Täters! Ich wollte so schnell wie möglich hier wieder raus und überlegte die ganze Zeit, wie ich an Geld kommen könnte, und schaute mir deshalb die Laimer Umgebung genauer an.

Als Klaus die Stelle gelesen hatte, rief er sofort an und fragte mich, ob das wirklich stimme.

„Ja, ich schrieb doch, dass Adolf ..."

„Ich weiß", unterbrach er mich, „gestorben nach mehreren Schlaganfällen. Und dann stand das Haus leer. – Was ist denn aus den Dämonengeschwistern geworden, aus Zenzie und Xaver?"

„Ich weiß nicht, ich hab nicht danach gefragt."

„Aber du bist tatsächlich in das Dämonenhaus gezogen?"

Ich schluckte.

„Ja", sagte ich.

Und dann sagte Klaus den fürchterlichsten Satz, den er jemals gesprochen hatte:

„Das werde ich nie verstehen."

Der Satz war vor allem deshalb so fürchterlich, weil Klaus recht hatte und ich mich gar nicht getraut hatte, die Wahrheit hinzuschreiben. In unseren Sitzungen habe ich es wohlweislich verschwiegen, weil es mir unvorstellbar unangenehm war. Ich verstehe es selbst bis heute nicht.

„Da wäre es ja besser gewesen, wenn du wieder zu deinen Eltern gezogen wärst."

Ich biss mir auf die Lippen und schwieg.

„Wo hast du denn geschlafen?", fragte er.

„Im Wohnzimmer."

„Warst du mal oben im ersten Stock?"

„Nein", sagte ich. „Da hätte ich mich nie hin getraut."

Und dann sagte Klaus einen Satz, der noch schlimmer als der vorige war:

„Das glaube ich dir nicht."

Ich war erschüttert. Wenn jetzt die Freundschaft mit Klaus

einen Riss bekommen würde – ich weiß nicht, was ich dann tun würde.

„Nein, das war die andere Manu", sagte er, „der glaube ich."

Ich atmete auf. Natürlich, ich war entsetzt, als ich das niederschrieb, dass ich ins Haus des Täters zog, aber das schrieb die wahre Manu über die Marionetten-Manu, und die war entsetzt über ihr anderes Ich.

Als ich das niederschrieb, hatte ich sogar Angst vor der anderen Manu.

Klaus meinte, diese Situation sei ein gefundenes Fressen für einen Horrorthriller von Stephen King.

Ich schüttelte nur den Kopf. Es war sicher ein Horrorthriller, aber ich weiß nicht, von welchem Autor. Ich weiß auch nicht, ob ich Albträume damals geträumt habe, und wie viele. Ganz sicher habe ich Albträume geträumt, und viele. Aber wahrscheinlich habe ich sie alle im Alkohol ertränkt und bin als Zombie rumgelaufen, die große Hauptstraße von Laim runter, immer auf der Suche nach Menschen. Nur Menschen konnten mich retten, Menschen, die bereit waren, mich zu unterstützen, damit ich aus diesem Horrorfilm rauskam.

„Womit unterstützen?", fragte mich Klaus.

„Mit Geld, damit ich mir eine eigene Wohnung leisten konnte", sagte ich und wunderte mich über die Frage, denn Klaus musste wissen, dass ich aus keinem anderen Grund wie ein Zombie durch Laim lief.

Zombie. Schreckliches Wort.

Ich wollte Klaus danach fragen. Aber ich traute mich nicht. Ich hatte Angst vor dem Wort. Es war gefährlich. Als wenn ich in den ersten Stock gegangen wäre …

Ich lief bis zur großen Hauptstraße vor, entdeckte eine kleine Kneipe, ging rein und bestellte mir ein Bier.
Die Kellnerin war ganz nett und setzte sich zu mir.
Es war eine total kleine Kneipe mit vier Tischen und einem kleinen Tresen.
Der Wirt und die Gäste waren ganz nett.
Ein Stammgast hatte ein Auge auf mich geworfen. Er wollte immer neben mir sitzen und lud mich ständig ein. Er war schon ein bisschen älter, ich schätz mal so Ende Vierzig, und war ganz nett. (Wie es weiterging, brauche ich eigentlich gar nicht erzählen, weil man es sich sowieso schon denken kann, vor allem, als ich ihm erzählte, wie schlecht es mir finanziell ging. Also spulte das übliche Programm ab: Er lud mich zu sich nach Hause ein, wir hatten Sex, und ich bekam dafür Geld.)

Nach einer kurzen Zeit fragte mich dann der Wirt, ob ich Lust hätte, für ihn zu arbeiten, seine Kellnerin höre bald auf.
Ich freute mich wie ein Schneekönig darüber. Ich bekam meinen Lohn bar auf die Hand und hatte mein Trinkgeld plus den „Nebenverdienst" vom Stammgast.
Jetzt hatte ich erst mal keine Geldsorgen mehr.
Das mit der Kneipe ging aber auch nicht so lange, gerade mal einen Monat.
In der Zwischenzeit hatte der Wirt mit mir ein Verhältnis angefangen. Aber da war noch sein Bruder, mit dem er sich

die Kneipe teilte. Mal war der da, mal der andere. Und eben der andere mochte mich nicht, als er mitbekam, dass sein Bruder ein Verhältnis mit mir angefangen hatte, vor allem passte ihm mein Alkoholkonsum nicht. Das gab dann mal an einem Abend Ärger, worauf er mir kündigte.

Ich überlegte, wie es weitergehn sollte. Vor allem brauchte ich meinen Alkohol. Ich war mittlerweile furchtbar aufgeschwemmt, wog 67 kg und hatte wunde Oberschenkel.

In dem Dämonenhaus hatte ich noch jede Menge Flaschen Rum und Wein gefunden, die ich nach und nach wegtrank. Bier alleine reichte mir schon länger nicht mehr. Ich trank fast nur noch harte Sachen. Wodka war mein Favorit.

Ich hatte zwar ein Dach überm Kopf, aber es war das Dach eines Horrorhauses. Abends hörte ich ständig unheimliche Geräusche und lag oft zitternd im Wohnzimmer auf der Couch und traute mich nicht aufzustehn.

Schließlich rief ich eine ehemalige Kollegin aus dem Club an und fragte sie, ob sie denn nicht einen anderen Club für mich wüsste, wo ich arbeiten könne.

Sie wollte sich umhören und wieder bei mir melden.

Ich war aber ungeduldig und rief Leo, einen Kumpel von mir aus Unterhaching, an.

Er meinte, er wüsste einen Club für mich. Er würde am nächsten Tag vorbeikommen und mit mir dahin fahren.

Inzwischen waren fast drei Monate vergangen, seitdem ich das letzte Mal in dem Club gearbeitet hatte. Eigentlich wollte ich das auch gar nicht mehr. Aber was sollte ich machen? Alkoholikerin, und kein Mensch meilenweit, der mir Halt gegeben hätte. Und kein Geld. Für mich gab's damals nur diesen Weg.

Am nächsten Tag holte Leo mich ab und fuhr mit mir zu diesem Club.
Es war ein kleines Häuschen.
Meine Güte, ich konnte mir gar nicht vorstellen, dass dies ein Bordell sein sollte.
Eine junge Frau öffnete die Tür. Sie wusste schon Bescheid, dass ich Arbeit suchte, Leo hatte es ihr gesagt. Sie sagte, sobald ich wieder meinen „Bockschein" habe, könne ich anfangen. Also ging ich zum Gesundheitsamt, ließ mir Blut abnehmen und die normale Untersuchung wie beim Frauenarzt über mich ergehen. Danach musste ich ins Büro von einer Sachbearbeiterin, die sich noch an mich erinnern konnte, und mich fragte, warum ich denn schon wieder im Bordell arbeiten wolle. Ich sagte ihr, dass ich eigentlich gar nicht wolle, aber mir nichts anderes übrig bliebe.
Sie sah mich groß an. In ihren Augen stand ein großes trauriges Fragezeichen.
„Also wissen Sie, ich arbeite ja schon lange im Gesundheitsamt und hab mit vielen Mädels zu tun. Ich gehe immer nach der Aura eines Menschen. Mein Freund sagt immer: Die Aura ist der Widerschein der Seele. Er ist Heilpraktiker, wissen Sie? Hat enormen Zulauf. Macht auch Augendiagnostik. Er sagt immer, als Erstes schaue er auf das verschüttete Kind unter den Trümmern der Erwachsenen."
Ich horchte auf und begann mich für ihren Freund zu inter-

essieren.

„Wissen Sie", fuhr sie fort, „mit Ihrer Aura passen Sie gar nicht rein, weil …"

Ja?

Doch dann kam ihr Chef rein und zog sie ab.

Ich nahm den „Bockschein" und verließ traurig ihr Büro.

9. **Kapitel: Absturz**

Im neuen Club gefiel es mir ganz gut. Diesmal hatte ich eine Frau als Chefin. Die Kolleginnen waren auch ganz nett. Netter als in dem anderen Club. Bei manchen Freiern fiel es mir schon schwer, mit ihnen aufs Zimmer zu gehn. Aber nach einer gemeinsamen Flasche Champagner ging es.

An manchen Abenden war es sehr ruhig, dann saßen wir oft stundenlang an der Bar und warteten auf Freier.

Eines Tages kam plötzlich die Chefin auf mich zu und sagte mir:

„Hör mal, Schätzchen, ich hab 'ne ganz besondere Ansage für dich. Es handelt sich um einen sehr guten Stammkunden, verstehst du?"

Ich wusste zwar nicht, wen sie meinte, aber ich nickte schon mal vorsichtshalber.

„Deutschstämmiger Franzose. Kommt immer zu uns, wenn er auf Geschäftsreise ist. Schwerreicher Unternehmer. Will keinen Sex, sondern nur reden."

„Nur reden?", fragte ich ungläubig.

„Prostitution ist ein Kontaktgewerbe", sagte sie, „und Kontakt ist ein weites Feld. Also: statt oraler Kontakt vielleicht mal verbaler Kontakt. Schätzchen, ich weiß es nicht. Auf jeden Fall: Zieh dir anständige Klamotten an. Auf keinen Fall so nuttige Sachen, hörst du? Das ist nicht sein Niveau. Eher was Escortmäßiges, feine Ware, gediegene Eleganz. Hast du mich verstanden?"

Ich nickte.

„Hast du so was in deinem Spind?"

Ich hustete.

„Ja."

„Okay. Hier ist die Adresse. Er wohnt außerhalb von München. Nimm ein Taxi. Kommt alles auf die Rechnung."

„Ja", sagte ich kleinlaut und brach wieder in nervöses Husten aus.

Sie lachte.

„Brauchst keine Angst haben, Schätzchen, ist ein Gentleman von der feinsten Sorte. Wahrscheinlich träumst du dir hinterher nach ihm die Augen aus."

Ihre Hand fuhr kurz und zackig über die Theke.

„Aber verguck dich nicht in ihn! Hast du gehört? Liebe ist tabu in unserem Geschäft. Auch Verlieben ist ein Kündigungsgrund. Du kannst dich meinetwegen in Madeleine und Monique verlieben, das ist mir egal. Aber in keinen Kunden, hörst du?"

Ich hatte sehr gut gehört und fragte mich, warum sie mich mit solch einer Gardinenpredigt warnte. Der Typ musste ja ein schweres Charming–Kaliber sein. Und auch auf etwas mollige Frauen stehn. Vielleicht war er ja ein Spezialist für schlanke Rubensmodelle. Ausgerechnet ich. Madeleine und Monique waren viel hübscher und geradezu mit einer traumhaften Figur gesegnet. Dazu waren sie äußerst flexibel einsetzbar, denn sie waren bi. Sie waren auch privat ein Paar. Das hatte für die Chefin den Vorteil, dass sie zusammenblieben. Ich stellte mir (nicht zum ersten Mal) vor, wie es sein würde, eine Frau zu lieben. Aber jedes Mal blockte meine heterosexuelle Fantasie diesen Gedanken ab. Dabei war es bestimmt viel ästhetischer, eine Frau zu lieben.

Ich zog mein dezentes taubenblaues Kostüm an und vergaß auch das schicke dunkelblaue Halstuch nicht, dazu trug ich meine hochhackigsten Schuhe mit lebensgefährlichen Bleistiftabsätzen, und stolzierte laufstegreif zum Taxi.

Als ich mit dem Lift zu seinem Apartment fuhr, fiel mir allerdings mein Herz in meine Aigner-Handtasche aus Schlangenleder.

Der Mann öffnete die Türe und bat mich, reinzukommen. Er hatte ein scharf geschnittenes Gesicht, glühende kohlschwarze Augen und pechschwarzes, etwas schütteres Haar. Sein Blick war stechend und freundlich zugleich. Seine männliche Ausstrahlung nahm mir fast den Atem. Und tatsächlich, als er dort in der Tür stand und mir mit einem grinsenden, aber liebenswürdigen Lächeln die Hand reichte, vergaß ich für einen Augenblick zu atmen.

„Komm, gehen wir ins Wohnzimmer", sagte er.

Er hätte auch sagen können:

„Komm, gehen wir in die Hölle."

„So gut sah er aus?", fragte mich Klaus, als wir darüber sprachen.

„Aber hallo", sagte ich, „das kannst du laut sagen."

Wir saßen im Wohnzimmer, Champagner auf dem Tisch, und ich wusste überhaupt nicht, wie ich mich verhalten sollte.

„Mein Name tut nichts zur Sache", sagte er, „eigentlich heiße ich Louis, aber meine ausländischen Freunde nennen mich Buffy. Wenn du willst, kannst du auch Buffy zu mir sagen."

Ich merkte, dass ich einen Frosch im Hals hatte (sollte er

der Prinz sein, der mich wachküsste?) und nickte nur.

„Deine Chefin hat schon gesagt, dass du schüchtern bist", sagte er und zog wieder dieses unwiderstehliche Grinsen auf. „Aber ich hab sie auch extra danach gefragt."

„Wonach?", traute ich mich zu fragen.

„Ob in eurem Hühnerstall auch ein schüchternes kleines Küken wär."

Ich wusste nicht, worauf er hinauswollte und nippte vorsichtshalber erst mal an dem Champagner, dessen Flasche richtig protzig in einem Eiskübel thronte. Mann, musste der Typ Geld haben. Aber vielleicht hatte er sich dieses Apartment ja auch nur für diese eine Nacht gemietet. So was gab's ja.

„Ich bin schon schüchtern, ja, das stimmt", druckste ich herum, „aber wenn du … (irgendwie kam mir das Du schwer von den Lippen) ein schüchternes Küken, wie du dich ausgedrückt hast, haben wolltest, dann ist das ja grad recht, oder?"

„So ist das", sagte er. „Aber was mir nicht recht ist, ist … Sag mal kannst du diesen Escort–Service–Fummel nicht ablegen und was anderes anziehn?"

Ich sah ihn groß an.

„Ich will zwar keinen Sex, sondern mich mit dir nur gepflegt unterhalten und …", er senkte seine Stimme, „dich vielleicht ein bisschen berühren. Ich bin nämlich ein taktiler Voyeur, wenn du verstehst, was ich meine."

„Taktil mit der Zunge oder mit den Händen", fragte ich.

Buffy grinste.

„Ganzkörpertaktil. Weißt du, so eine Uniform erinnert mich

immer an frigide Rezeptionszicken mit tiefgefrorenem Dauerlächeln."

Ich lachte.

„Nein, das hast du sehr schön gesagt. Köstlich. Ja, dann will ich mal schaun, was meine Kollektion noch für Überraschungen bietet."

„Aber zieh dich bitte vor meinen Augen um."

„Natürlich", sagte ich, „taktiler Voyeur: Die Augen genießen immer mit."


„Ich seh schon, deine Chefin hat einen Volltreffer gelandet."
Während ich meinen kurzen schwarzen Lackminirock und meinen schwarzen Spitzen-BH anzog, dazu die hohen Pumps, streichelte er meine Schenkel, rutschte sanft in meinen Schritt, ohne, wie es die meisten Freier zu tun pflegen, in meiner Grotte mit dem Finger die Temperatur- und Feuchtigkeitsverhältnisse zu überprüfen, umfasste mit gezieltem Griff meine Pobacken, um sie fachmännisch zu kneten und drehte mich wollüstig seufzend um, um meine Brüste zu liebkosten. Der perfekte Liebhaber, davon war ich überzeugt. Ich musste aufpassen, dass ich nicht stöhnte, denn es wäre echt gewesen. Laut meiner Chefin genauso eine Todsünde, wie wenn sich der Psychotherapeut in seine Mandantin verliebt.

Die neuen Klamotten gefielen ihm.

„Mit den Klamotten kann ich jedenfalls meinen taktilen Wachzustand aufrechterhalten", sagte Buffy.

Langsam taute ich auf, obwohl ich immer noch gehemmt war: Der Mann war mir eine Nummer zu groß, denn er kam aus einer Welt außerhalb meines Kosmos. Außerdem war ich in seiner Nähe dauergefährdet, mich in ihn zu verlieben – und wo hätte das hinführen sollen?

Ich setzte mich ihm gegenüber und überlegte, ob ich mich so hinsetzen sollte, dass er unter meinem Lackminirock auch die kleine aufgeprägte Lotusblume auf meinem Slip sehen konnte, aber ich unterließ es instinktiv.

„Was machst du so?", fragte ich ihn.

„Verpackungen", sagte er und kniff seine kräftigen schwarzen Augenbrauen zusammen, die seine Augen zu dünnen Schlitzen zusammenstauchten.

Warum fixierte er mich auf einmal so skeptisch.

„Verpackungen?", fragte ich, um die Unsicherheit der Situation zu durchstoßen.

„Ja, Verpackungen von Industrieprodukten – Maschinen, Halbfertigteile und so, die müssen ja auch transportiert werden, nicht wahr?, und vor allen Dingen auf ihrem Transport geschützt werden."

„Okay."

„Ja, Verpackungen. Verpackungen. Was wären wir Menschen ohne Verpackung ...?"

„Wie meinst du das?"

„Wie ich das meine? Oh, stell dir mal vor, wir würden ungeschützt unsere Seelen zu Markte tragen."

Mir wurde ganz mulmig.

Schon wieder dieser Frosch im Hals.

Mein Herz klopfte bis zum Hals.

Er berührte etwas, was mich in den Grundfesten erschütterte.

Ich hatte Angst. Die Grundfesten lagen über mir, und meine Seele lag verschüttet darunter.

Er stockte und sah mich besorgt an.

„Ist dir nicht gut?"

„Doch", log ich, „ist schon alles okay."

„Na, dann ist es ja gut."

„Und die Verpackung", fragte ich, „was verstehst du unter Verpackung?"

„Die Maske", sagte er, wie aus der Pistole geschossen. Jeder spielt doch in unserer Gesellschaft eine Rolle, unabhängig davon, ob er sie sich nun selbst ausgesucht hat oder ihm aufs Auge gedrückt wurde."

„Ich versteh nicht", antwortete ich, obwohl ich ihn verstand.

„Also pass mal auf, nehmen wir uns beide mal als Beispiel, okay?"

„Okay."

Er beugte seinen Oberkörper vor und sah mich gespannt an. Ich hatte das Gefühl, als würde ich erst jetzt sein Parfum riechen. Ich glaube, es war *Adventure* von *Davidoff*. Ich mochte es, es erschien mir aber für ihn ein bisschen zu süßlich und feminin.

„Bist du sicher, dass es *Adventure* von *Davidoff* war?", fragte mich Klaus, als wir darüber sprachen (Klaus hat mich übrigens bei dieser Szene besonders stark unterstützt, weil er sie besonders wichtig fand.)

„Nein", sagte ich, „warum?"

Klaus grinste.

„Ich nehm es nämlich. *Adventure Eau Fraîche* von *Davidoff*."

Ich sah ihn erstaunt an.

„Was?"

Ich schnüffelte.

„Tatsächlich."

„Außerdem glaube ich nicht, dass es das 1990 schon gab."

„Soll ich's rausnehmen?"

Klaus seufzte.

„Ach, lass es drin, du wirst ja doch nicht dahinterkommen, welches Parfum Buffy 1990 wirklich aufgetragen hat. Wenn das ein Leser monieren sollte, dann sag ihm, das hat dein Koautor übersehn. Ja, und der Lektor."

Also hatte ich doch tatsächlich Klaus' Parfum in der Nase, als ich mein Treffen mit Buffy schilderte!

„Würdest du sagen, dass dein Beruf genau das ist, was du dir erträumt hast?", fragte mich Buffy.

Ich senkte den Kopf.

„Na, siehst du. Und wie schützt du dich? Ich will jetzt nicht so weit gehen und dich fragen, wie du dich privat schützt, sondern wie du dich vor den Freiern schützt. Also auch vor mir."

Mann, war der direkt.

„Ich würde ihn mal gern kennenlernen", sagte Klaus, als wir drüber sprachen, „und testen, wer direkter ist: er oder ich."

„Um Gottes willen, das würd was geben", sagte ich.

„Was glaubst du, wer direkter ist: er oder ich."

„Na, dich kenn ich ja schon sehr gut, du, würd ich sagen. Ich kenne keinen, der direkter ist."

„Das freut mich", sagte Klaus und grinste. „Schließlich fühle ich mich der Wahrheit verpflichtet. Investigativen Realismus nennt man das."

„Oh Gott, immer die ganzen Fachwörter, eh."

„Da war Buffy wohl auch ganz gut drauf, oder?"

„Ja, aber er hat sich ganz schön zurückgehalten, muss ich sagen."

„Soso. – Also, was hast du Buffy geantwortet, als er dich gefragt hat, wie du dich vor den Freiern schützt?"

„Na, du musst hinter eine Maske schlüpfen."

„Genau", sagte Buffy. „Spielst immer das verständnisvolle, liebe kleine Küken, das den Männern die Eier streichelt und sich ihnen immer wie aus dem Ei gepellt präsentiert, damit sie dich am liebsten auslöffeln, was?"

Ich war zu perplex, um zu antworten. Gott sei Dank nahm mir Buffy eine Antwort ab, indem er fortfuhr:

„Du bist das Küken und der Mann der Hahn, was?, der seinen Kamm schwellen lässt, und wenn der Hahn kräht, musst du funktionieren. Weißt du, das ist exakt das Spiel, nach dem unser Gesellschaftssystem läuft."

Er nahm ein Zigarillo aus einer silbernen Schachtel, klopfte das Zigarillo mit dem anzuzündenden Ende drauf und steckte es genussvoll an. Dann fragte er mich, ob ich einen Cognac mit ihm nähme, ihm sei nach Cognac, ich nickte, und er stand auf, ging an die Vitrine und holte eine Karaffe aus kostbar geschliffenem Kristall und zwei bauchige, dünnwandige Cognacgläser heraus, schenkte die edle Flüssigkeit, das Zigarillo im Mund und die vom Rauch tränenden Augen zusammenkneifend, ein und stellte alles auf ein mit offensichtlich teuren Intarsien versehenes Tablett, um es vorsichtig auf den Tisch zu stellen und mit einer hinreißenden Grandezza mir das gefüllte Glas zu reichen und mit mir anzustoßen, bevor er fortfuhr und sagte, dass der Systemkern unserer Leistungsgesellschaft die Maske wäre, hinter der wir unsere Seele versteckten, um der Öffentlichkeit ihr Leiden zu verbergen, was ansonsten, stellten wir es offen zur Schau, der öffentlichen Bloßstellung der eigenen Schwäche entspräche. Niemand wolle sich ungeschützt an den Pranger der Verhöhnung stellen, deshalb setze man genau die Maske auf, die der Andere erwarte. Das würde aber bedeuten, dass wir Schauspieler unter der Regie der Anderen wären und nicht unser eigenes, sondern ein von den Anderen aufoktroyiertes Leben führen würden.

Als Klaus das las, war er ganz verrückt danach, Buffy kennenzulernen, aber ich kannte ja seinen Nachnamen nicht. Er wollte schon meine frühere Chefin ausfindig machen, musste aber einsehen, dass das nach zwanzig Jahren zwecklos war. Die war damals schon an die Vierzig. Okay mit sechzig kannst du vielleicht noch als Puffmutter arbeiten. Aber nicht mehr im einundzwanzigsten Jahrhundert. Buffy würde heute auch schon über sechzig sein, dachte ich, und ich musste zugeben, dass ich ein wenig mit Wehmut an ihn dachte.

Klaus sprach dann noch von einem Arthur Rimbaud, einem französischen Schriftsteller aus dem neunzehnten Jahrhundert, den Buffy zitiert habe, aber ich weiß jetzt nicht mehr, in welchem Zusammenhang. Jedenfalls machte mir Buffy siedend heiß klar, dass wir alle nicht Ich wären, also wie ich als andere Manu in der Gegend rumliefen, und irgendwie war das eine Erleichterung für mich, zu erkennen, dass ich nicht anders wie die andern war.

Als ich das aussprach, schimpfte Klaus und meinte:

„Das stimmt überhaupt nicht! Wie kannst du so etwas sagen!"

Ich zuckte ein wenig zusammen.

Was hatte ich denn jetzt schon wieder Falsches gesagt.

Klaus sah mich streng an. Wenn er streng sei, hätte er einen Basiliskenblick, gab er zu. Ich musste hinterher nachschlagen, was das bedeutete, er erklärte mir nicht immer alles, und ich wollte ihn auch nicht immer fragen.

„Weswegen schreibst du dieses Buch?", fragte er, um gleich darauf wieder eine neue Frage zu stellen. „Weshalb heißt das Buch *Das verschüttete Kind*? Willst du nicht deine Unglückskette aufarbeiten, um dir im Schreiben bewusst zu machen, dass du dich nur aus dem fremdgesteuerten Käfig befreien kannst, wenn du dein wahres, unter der Kindheit verschüttetes Ich freigräbst und die Maske der anderen Manu ablegst, die Marionette in die Mottenkiste deiner Vergangenheit packst und dich zu dem Kind bekennst, das dir seine Kraft gespendet hat und dich selbst in den Zusammenbrüchen vor dem endgültigen Zusammenbruch bewahrt hat? Du willst dich doch zu dem Mut bekennen, Ich zu sein und auf die Maske der Anderen zu scheißen!"

Mann, war der wütend!

Und Mann, hatte der recht!

„Entschuldige", sagte ich, „damals erschien es mir als Trost, dass die anderen nicht besser waren als ich."

„Verstehe", sagte Klaus sanft (irgendwie verstand er immer alles, selbst die Widersprüche), „jedenfalls hat Buffy damals Gesellschaftskritik auf höchstem Niveau abgeliefert. Aber hat er die ganze Zeit über philosophiert?"

„Nein", sagte ich.

„Ja, wie ging's weiter?", fragte Klaus.

„Okay", sagte ich und schaltete die „Videokassette" ein.

Buffy nahm meine Hand. Es war ein wunderbares Gefühl. Ich brauchte bei diesem Mann keinen Sex, er brauchte mir nur die Hand halten, mehr nicht, und ich konnte getrost auf jeden Orgasmus verzichten.

„Wir sind alle Gefangene unserer Rollen, die wir spielen müssen", sagte Buffy und sah mir ins Gesicht. „Meine Rolle ist die des erfolgreichen Geschäftsmannes, keine schlechte Rolle, das nicht, schließlich habe ich sie mir selbst ausgesucht. Ich nehme an, dass das bei dir anders war."

Ich nickte.

„Selig sind die, die ihre Rolle aussuchen können, und selig sind die, die mehrere Masken haben, damit sie sie wechseln können."

„Und was für eine Maske hast du jetzt auf?", fragte ich ihn.

„Keine", sagte er und drückte mir einen zarten Kuss auf die Lippen.

Oh Manu, du hast dich in diesen Mann verliebt! Wie soll das bloß enden?

Ich schloss die Augen.

Wo war ich?

Und dann hörte ich weit weg seine Stimme.

„Ich bin vor einiger Zeit geschieden worden. Nicht zum ersten Mal. Ich brauche in meinem Job eine attraktive Frau an meiner Seite, die repräsentieren kann."

Und dann kam dieser eine Satz:

„Würdest du diese Frau sein wollen?"

Ich erwachte und schlug die Augen auf.

Meine Blicke wanderten auf seinem Gesicht.

Er trug eine perfekte Maske.

Er war der perfekte Mann. Er war auch der perfekte Geschäftsmann.

Er war der perfekte Liebhaber.

Ich war in ihn verliebt.

Aber ich liebte ihn und nicht seine Maske.

Doch auf seine Maske würde er nie verzichten. Sie war seine Erfolgsgarantie. Er war als Verpackungsfachmann auch ein Repräsentationsmaskenexperte und suchte jetzt eine repräsentative Maske an seiner Seite. Eine Maske mit großer Garderobe, um zu jeder repräsentativen Gelegenheit das passende Kleid anzuziehen.

Mit einem repräsentativen Kleid (Escortservice–Uniform)

kam ich hierher, in einem Nuttenfummel sollte ich ihm Gesellschaft leisten. Das devote Küken sollte den goldenen Hahn anbeten.

Doch das devote Küken sagte:

„Nein."

„Gut", sagte er, „das akzeptiere ich selbstverständlich. Überleg es dir noch mal. Ich würde dich aus dem Rotlichtmilieu rausholen. Du würdest damit gewissermaßen in die Sterne greifen."

Ich war damit vollkommen überfordert, was er auch merkte.

Er gab mir seine Visitenkarte und meinte, wenn mir danach sei, solle ich mich bei ihm melden.

Als Klaus das las, flippte er aus.

„Er gab dir deine Visitenkarte?!", fragte er mich entgeistert.

Ich wusste, was kam.

„Ja", sagte ich.

„Na also, da haben wir es doch, dann haben wir doch seinen Namen!"

„Nein", sagte ich.

„Nein?! Wieso?"

„Ich hab sie noch in der U–Bahn – ich bin zurück mit der U–Bahn – zerrissen und in den Abfallkasten geworfen."

„Was?!"

„Tut mir leid."

„Das darf doch nicht wahr sein!"

Ich zuckte die Schultern.

„Tut mir leid, ist aber so."
„Warum?"
„Na, das hab ich doch geschrieben. Ich fühlte mich vollkommen überfordert. Das war nicht meine Welt. Ich, die kleine Manu, und er der große Manitu. Nein, das wär nicht gegangen. Unmöglich. Da haben Welten dazwischen gelegen, verstehst du? Welten. Das war ein klasse Typ, da gibt's nichts, aber da könnt ich genauso gut die Sonne anbeten, verstehst du?, davon hätte ich auch nichts."

Klaus sah geradezu bestürzend traurig aus.

„Komm, jetzt schau nicht so traurig", sagte ich. „Ist besser so, glaub mir."

„Würdest du heute sagen, damals haben zwar Welten dazwischen gelegen, aber heute wäre es anders?"

„Du meinst, wenn ich ihm heute noch einmal begegnen würde?"

„Ja, das mein ich."

„Weiß nicht. Warum?"

Komisch, ich war irgendwie unsicher.

„Ich mein, damals fühltest du dich überfordert. Das versteh ich. Aber würdest du dich heute auch überfordert fühlen?"

Ich lachte.

„Heute überfordert mich eher die Frage, verstehst du?"

Klaus klatschte in die Hände.

„Ah! Wir kommen auf den Punkt, Baby. Come on, come one!"

„Na, vielleicht …"

Ich brach ab.

Ich konnte doch nicht sagen, dass ich heute nicht überfordert wäre.

„Damals warst du die andere Manu, die schwache Manu, die jeder herumschubsen konnte, nicht wahr? Und heute? Heute haben wir es mit der wahren, selbstbewussten Manu zu tun, die nach der Geburt von Maiko einen Schlussstrich gezogen und sich dazu entschlossen hat, ihrem alten Leben den Rücken zu kehren und sich nie mehr verbiegen zu lassen, auch nicht von Unglücksfällen. Und da sollten ja noch einige auf dich zukommen, nicht wahr?", seufzte Klaus und fuhr fort: „Also wenn Buffy dir heute noch mal die gleiche Frage stellen würde, was ..."

„Sei mir nicht bös, Klaus, so weit bin ich noch nicht, dass ich die Frage beantworten kann."

Und dann lehnte sich mein Knuddelbär traurig in seinen Sessel zurück und las weiter in meinen Tagebuchaufzeichnungen.

Ich war zwei Stunden bei Buffy und bekam dafür 1.500 DM. Der blanke Wahnsinn! Ich fuhr nach den zwei Stunden wieder in den Club und bezahlte mein Zimmer. (Wir mussten jeden Tag 150 DM für ein Zimmer zahlen.) Warum ich mit der U-Bahn fuhr, wusste ich nicht, irgendwie erschien mir das Taxi zu protzig, und Buffy kam aus einer protzigen Welt, und ich hatte ihm und seiner Welt schließlich gerade eben einen Korb gegeben. Eigentlich das Schlimmste, was man einem Gallischen Hahn antun konnte, aber er hatte sehr souverän darauf reagiert. Aber vielleicht bin ich auch nur deswegen mit der

U–Bahn gefahren, weil ich so viel Geld verdient hatte und jetzt anfing, geizig zu werden, weil ich reich werden wollte. Und wenn man reich werden wollte, das wusste ich von meinem Vater, dann musste man geizig sein.

An manchen Abenden kamen auch andere Clubbesitzer in den Club. Da herrschte eine ganz entspannte Atmosphäre. Da waren auch richtige Größen darunter, die mehrere Clubs besaßen und in der Branche richtig was zu sagen hatten. Einer davon war ein ganz, ganz Lieber, ich mochte ihn von Anfang an. Er war Mitte 50 und sehr sympathisch. Meine Chefin stand auf ihn. Aber ich war halt noch die Neue, und ein neues Gesicht war immer interessant. Er kümmerte sich um mich, ging mit mir sogar aufs Zimmer und bezahlte mich überdurchschnittlich gut.

Ab da war ich meiner Chefin ein Dorn im Auge.

Sie war total eifersüchtig auf mich. Sie hatte sich ja so große Hoffnungen gemacht, dass mit ihm mehr wird, denn sie war in Hans, so war sein Spitzname, total verknallt.

Hans kam jetzt immer öfters zu Besuch, was er vorher nicht getan hatte, wie die Chefin mir mit spitzem Ton unter die Nase rieb. Eines Abends sagte mir Hans, dass ich bei ihm einen Hausbesuch machen möchte. Ich fand es ungewöhnlich, aber nun, wenn Hans das wünschte, machte ich das, schließlich würde ich so einen Hausbesuch wie bei Buffy sowieso nicht mehr erleben. Also machten wir einen Termin aus, und ich ging zu ihm nach Hause. Wir schliefen miteinander und wir unterhielten uns. Er war wirklich ein ganz, ganz Lieber. (Klaus wollte hinterher wissen, was denn das ganz, ganz Liebe bei ihm gewesen sei, und ich sagte ihm, dass ich in ihm vielleicht einen Vaterersatz gesehen hätte, weil er ganz im Gegensatz zu meinem Vater immer aufmerksam und freundlich, ja, liebenswürdig, kann man schon sagen, gewesen ist.)

Ich blieb anderthalb Stunden bei Hans, und er gab mir 1.200 DM.

Ich freute mich über so viel Geld. Ich hatte jetzt schon ein kleines „Vermögen", allerdings hielt das nicht lange, obwohl ich keinen Zuhälter hatte.

In der letzten Zeit ging ich nach Feierabend mit Mary, einem Transvestiten aus dem Club, in eine Schwulen– und Lesbenbar mit einer kleinen Tanzfläche in der Innenstadt, die Transsexuelle und „Normale", überwiegend aber Schwule besuchten.

Ich lud immer ständig Leute ein, ich hatte ja für meine Verhältnisse gutes Geld. Jetzt war Taxi fahren bei mir gang und gäbe.

In der Bar blieb ich immer so zwischen acht und neun Uhr morgens. Kam ja erst um halb sechs dahin. Mein Alkoholverhalten hatte sich inzwischen stark verändert. Sekt war out, jetzt gab's Wodka mit Cola, an der Bar auch mal ein „Rüscherl" (Cola/Cognac) in kleinen Gläsern.

Ich war jeden Tag hackedicht und ging mit Männern ins Bett, wo ich mich heute noch dafür schäme. Aber ich bin auch oft blind mit jemandem mitgefahren, den ich in der Bar kennengelernt habe, um mit ihm zwischendurch eine schnelle

Nummer durchzuziehen, und anschließend gleich wieder in die Bar zurückzukehren. Mir war einfach alles scheißegal.

Ich war leer und einsam und hatte keine Hoffnung. So ging das einige Wochen. Aber dann tauchte eines Abends ein junger Mann auf, den ich vorher noch nie in der Bar gesehen hatte. Er gefiel mir auf Anhieb. Eins siebenundachtzig, längere Haare und wunderschöne blaue Augen.

Ich tanzte, er schaute mich die ganze Zeit an, und als ich wieder an meinen Platz an der Bar zurückkehrte, brachte mir der Kellner ein Getränk und sagte, es sei von dem jungen Mann, und ich freute mich riesig darüber, dass ich ihm auch gefiel.

Er setzte sich neben mich. Wir redeten, und ich sagte ihm mit meiner vom Alkohol gelösten Zunge, dass ich als Prostituierte arbeite. Er meinte nur, das störe ihn nicht, ich gefiele ihm, er fände mich nett und hübsch. Das ging runter wie Öl.

Ich sagte ihm, dass ich zurzeit keine eigene Wohnung hätte und wieder bei einem Typen wohnen würde, bei dem ich nicht wüsste, ob ich da noch lange bleiben könnte.

„Dann komm doch einfach zu mir", sagte er glatt.

Am nächsten Tag holten wir meine wenigen Sachen, und ich zog zu ihm und war happy, dass es noch so nette Menschen gab.

Oh Manu, wie naiv du doch bist!

Jeden Abend fuhr er mich schön brav in den Club und rief mich auch jeden Abend an, bevor die Arbeit losging. Das Geld, das ich verdiente, legte ich in eine Schublade. War ja für uns beide. War jedenfalls meine Meinung, auch wenn es mich wunderte, dass ihm das nichts ausmachte. Wir sahen uns kaum. Er war Kfz.–Mechaniker und arbeitete zu normalen Zeiten,. Das schaute dann so aus, dass Manuel, wenn ich um halb sechs nach Haus kam, gerade aufstand. Dann frühstückten wir zusammen, er fuhr in die Arbeit, und ich legte mich anschließend ins Bett. Mittlerweile war es mit dem Alkohol schon so schlimm, dass ich in der Früh zitterte, wenn ich nicht sofort was trank. Bevor ich einen Kaffee trinken konnte, musste ich erst mal einen Schluck Wodka runterkippen.

Die Chefin war inzwischen so eifersüchtig auf mich, dass sie mich rausmobbte.

Da hatte ich gerade mal knapp zwei Monate gearbeitet.

Wie ich an den dritten Club geraten bin, weiß ich nicht mehr.

Auch da hatte ich eine Chefin: Marlene. Sie war sehr nett. X–mal ermahnte sie mich, mein Geld nicht zu verpulvern, sondern zu sparen. Ich schaffte es aber nicht.

Gott sei Dank hatte ich überwiegend nette Freier, das erleichterte mir den Job.

Dann kam ein Abend, wo ich am liebsten im Boden versunken wäre. Ich kam gerade aus meinem Zimmer, setzte mich wieder an die Bar und sah zufällig nach rechts. Oh Gott, da sah ich einen Typen, den ich von Unterhaching kannte, er kannte meinen Vater und meinen Bruder recht gut. Er war mit meinem Vater per Du und war so alt wie mein Bruder.

Er riss die Augen auf, wir schauten uns an, und dann schaute ich wieder weg und versuchte, ihn zu ignorieren.

Und dann tauchte auch noch Hans auf. Ich wusste nicht, dass er auch meine Chefin kannte. Und Hans wusste nicht, dass ich jetzt in diesem Club arbeitete. Er kam gleich auf mich zu und fragte mich, ob ich Lust hätte, mit zu seinem Club zu fahren, er hätte auch schon mit meiner Chefin gesprochen, und von der aus dürfe ich früher Feierabend machen.

Derweil saß der Bekannte meines Vaters immer noch mit meiner Kollegin an der Bar. So wie es aussah, war er verliebt in die Frau.

Ich war froh, dass ich jetzt mit Hans mitfahren konnte. In seinem Club traf ich dann auch ein paar Mädels, die ich kannte. Aber wie's der Teufel will, tauchte plötzlich der Typ aus Unterhaching auch hier in dem Club auf. Ich dachte, das darf doch nicht wahr sein! Nach seinem Gesichtsausdruck zu schließen, dachte er genau das Gleiche.

In dieser Zeit hatte ich zu meiner Familie so gut wie keinen Kontakt, wenn man mal davon absah, dass ich meine Mutter fast jeden Tag anrief.

Doch dann gab's die Katastrophe schlechthin. Der Typ aus Unterhaching traf meinen Vater und erzählte ihm brühwarm, dass er mich im Puff gesehen hatte.

Da war der Teufel los!

Meine Mutter erhielt ein striktes Verbot, mit mir zu telefonieren.

Jetzt war ich natürlich komplett unten durch.

Manu, die Hure.

Gott sei Dank hatte ich Manuel, der mir wenigstens das Gefühl gab, mich zu lieben.

Mitte November 1990 überraschte mich Manuel mit dem Vorschlag, einen gemeinsamen Urlaub zu machen. Er dachte an eine Last–Minute–Reise, das sei am billigsten.
Ich fand die Idee natürlich toll und fragte ihn, ob er schon wisse, wohin.
Kein Problem, sagte er, eine Exfreundin von ihm arbeite in einem Reisebüro. Prompt rief er sie an und fragte sie, was denn noch im Angebot sei.
Viel Auswahl gab's nicht mehr.
Schließlich entschieden wir uns für Sri Lanka.
Last–Minute war zwar nicht wörtlich zu nehmen, aber immerhin ging es zwei Monate später am 14.12.1990 am Abend schon los. Jedenfalls freuten wir uns schon riesig.
Ich arbeitete ja immer noch bei Marlene im Club und konnte deshalb noch Geld für den Urlaub sparen.

Wir starteten noch vom alten *Flughafen Riem* aus.
Für mich war es ohnehin etwas Besonderes, denn ich würde am nächsten Tag, am 15.12., meinen Geburtstag in der Luft feiern.
Um Mitternacht sang Manuel im Flugzeug ein Ständchen für mich. Vorher hatte er noch ein paar Flaschen Sekt bestellt.
Die Passagiere klatschten begeistert und sangen mit.
Zum Schluss stieß fast das halbe Flugzeug mit mir an!
Nach zehn Stunden und einem kleinen Zwischenstopp hat-

ten wir es endlich geschafft. Wir checkten aus und fuhren mit dem Taxi zu unserem Hotel.

# 10. Kapitel: Sri Lanka

Wir hatten ein schönes Hotel in Negombo, direkt am Strand. Wenn's mir besser gegangen wäre, wär alles wunderbar gewesen, doch der Alkohol hatte mich eisern im Griff. Ich lag am Strand und trank bei der Affenhitze Wodka/Cola, weshalb es mir nach ein paar Stunden oft dermaßen schlecht ging, dass ich mich in mein Zimmer zurückzog, um mich hinzulegen und mich alle Nase lang zu übergeben und mich anschließend noch zusätzlich mit einem furchtbaren Sonnenstich rumzuschlagen.

Zu den Einheimischen fanden wir schnell Kontakt, so begleiteten wir einen Singhalesen ins Landesinnere zu den Teeplantagen nach Kandy, wo wir im *Flowers Garden* spazieren gingen.

Es war einfach unbeschreiblich schön.

Als Highlight brachte uns Mahinda, wie unser singhalesischer Reiseführer hieß, zu einem Fluss, wo wir auf Elefanten reiten konnten.

Ich „teilte" mir mit einer Holländerin einen Elefanten.

Manuel wollte nicht auf einem Elefanten reiten.

Ich fand es bombastisch, auf einem Elefanten zu reiten und seine Haut zu berühren.

Nach dem Ritt, er war nicht so arg lang, ging Mahinda mit dem Elefanten in den Fluss, drückte mir eine halbierte Kokosnussschale in die Hand und zeigte mir mit der anderen Hälfte, wie ich damit den Elefanten abkühlen konnte.

Nach dem Ausflug fuhren wir wieder ins Hotel zurück, machten uns frisch und gingen zum Abendessen. Danach konnte man allerdings nicht mehr allzu viel unternehmen, denn das Nachtleben in Negombo war gleich null.

Nach dem Abendessen schlenderten wir durch den Ort. Obwohl Negombo immerhin etwa 125.000 Einwohner hat, ist es alles andere als besonders aufregend. Aber das *Seafood Restaurant*, in das wir am Abend meist gingen, war ganz nett. Jedenfalls fanden wir schnell Unterhaltung mit den Einheimischen, aber auch mit ein paar Touristen.

An einem Abend, es war schon unsere zweite Woche, überfiel uns die Schnapsidee, eventuell auszuwandern. Schließlich steigerten wir uns dermaßen rein, dass uns die Idee völlig in Besitz nahm.

Als wir mit dem Lokalbesitzer ins Gespräch kamen, schwärmten wir ihm so von Sri Lanka vor, dass wir ihm verrieten, uns durchaus vorstellen zu können, hier zu leben.

Daraufhin kratzte er sich nachdenklich am Kinn und meinte, dass es eventuell eine Möglichkeit für uns gäbe.

Wir waren ganz aus dem Häuschen!

Plötzlich machte er uns den Vorschlag, sein Lokal für sieben Monate zu pachten, weil er diese Zeit bei seinen Kindern in Florida verbringen wolle.

Wir waren unsagbar glücklich. Das Gefühl, hier bald für längere Zeit oder sogar für immer leben zu können, war einfach gigantisch. Wir hatten mittlerweile in diesem Lokal außerordentlich nette Einheimische kennengelernt und sogar ein paar Deutsche und Schweizer, die hier Firmen gegründet hatten, mit einheimischen Frauen verheiratet waren und hier lebten.

Die zwei Wochen vergingen wie im Flug.

Als Mahinda, ein Singhalese, uns zum Flughafen nach Colombo brachte, wollte ich es gar nicht glauben, dass unser Urlaub schon zu Ende war.

In Deutschland verkauften wir alles Mögliche, damit wir für unsere Auswanderung genügend Geld zusammenhatten, und Manuel übergab sein Apartment seinem Bruder Jürgen.

Ich traf mich mit meiner Mutter und erzählte ihr von unseren Plänen. Daraufhin lud sie mich ein, sie mit Manuel zu besuchen, um ausführlich darüber zu sprechen.

Mein Vater mochte Manuel, was mich wirklich wunderte. Was mich aber noch mehr wunderte, war, dass meine Eltern auf unsere Auswanderungspläne tatsächlich positiv reagierten. Mein Vater steuerte sogar etwas Geld bei. Ich weiß nicht mehr, wie viel, aber das war alles schon außerordentlich erstaunlich.

Ich arbeitete noch mal für ein paar Wochen in einem Club, wir brauchten ja doch noch Geld. Dann regelten wir alles soweit und buchten unseren Flug.

Wir waren nur ein paar Wochen in Deutschland gewesen, und schon ging es wieder ab nach Sri Lanka.

Was für ein tolles Gefühl!

Der Besitzer des *Seafood Restaurants* freute sich, uns sobald wiederzusehn. Scheinbar hatte er uns nicht zugetraut, dass wir unsere Idee auch wirklich in die Tat umsetzen.

Wir machten den Vertrag, und er half uns, ein Haus zu finden. Es ging alles ruck, zuck.

Innerhalb von ein paar Tagen hatten wir ein wunderschönes

Haus in Negombo für sehr wenig Geld. Kurz darauf waren wir Pächter vom *Seafood Restaurant*! Das war schon ein geiles Gefühl. Weg von Deutschland, weg vom Puff. Herrlich!

Wir lebten uns gut ein und waren ein gutes Team. Die Einheimischen waren total nett zu uns, es gab überhaupt keine Probleme.

Eines Tages lernten wir im Lokal Dexter kennen, er sprach sehr gut Deutsch, sogar mit schwäbischem Dialekt, das war voll lustig. Dexter klärte uns erst mal über den hiesigen Menschenschlag auf.

Ich muss sagen, das war sehr wichtig, denn es war ein gewaltiger Unterschied, ob man hier Urlaub machte oder hier lebte.

Frauen hatten zum Beispiel hier gar nichts zu melden.

Mir war das im Urlaub gar nicht so aufgefallen. Aber jetzt, wo Dexter es ansprach, sah ich es mit völlig anderen Augen.

Ab jetzt sei er mein Beschützer verkündete er stolz, auch seine Freunde würden auf mich aufpassen.

Ich sollte erst später erfahren, was er damit meinte.

Unser Haus war möbliert und sehr geräumig, es hatte sogar einen kleinen Garten. Allerdings nicht mit Rasen, sondern mit Sand. Sand war hier das beherrschende Element.

Wenn wir aus dem Haus gingen, liefen wir bereits barfuß durch den Sand. Kaum hatten wir die kleine Straße überquert, empfingen uns schon der Strand und das Meer, dazu lag unser Haus nur knapp zehn Minuten von unserem Lokal entfernt.

Selbst das Klima ist ein Traum: nicht zu heiß und immer

eine Brise Wind.

Unser Lokal ging ganz gut, wir hatten viele Gäste. Vor allem die Einheimischen kamen regelmäßig, und auch die Deutschen und Schweizer waren jeden Abend bei uns.

Manuel fuhr regelmäßig mit unserem Koch zum Einkaufen nach Negombo.

Einige Male fuhr ich mit.

Negombo–Stadt war schon echt der Hammer. Da ging es zu wie in einem Ameisenhaufen. Es gab tolle Gewürze und natürlich eine Riesenauswahl an Fischen.

Ich versorgte mich fleißig mit Arrak, einem singhalesischen Reisbranntwein. Das war hier mein Getränk. Bier schmeckte überhaupt nicht. Das Essen war ganz okay. Ich mag Reis ja sowieso. Manche Gerichte waren mir allerdings dann doch zu scharf.

Eines Tages tauchte in unserem Lokal ein holländischer Rucksacktourist auf, der sich ein Geländemotorrad ausgeliehen hatte, und lud mich auf eine Tour ins Landesinnere ein.

Auf diese Weise kam ich an völlig abgelegene Stellen, die ein Urlauber gar nicht zu sehen bekommt.

Einmal liefen mitten im Dschungel aus allen möglichen Richtungen Einheimische auf mich zu und berührten staunend mein Gesicht und meine von der Sonne ausgebleichten Haare.

Vielleicht lag es ja auch an meinen hellen strohblonden Strähnchen, die ich mir in Deutschland hatte machen lassen, die hier für so viel Furore sorgten.

Da der Holländer die Tour früher schon mal allein absolviert hatte, schien er den Ehrgeiz zu haben, mir noch einmal alles zu zeigen.

Am Schluss besichtigten wir einen uralten Buddha–Tempel am Ende von Negombo, der wegen seiner Wandzeichnungen, die Buddhas Werdegang illustrieren, berühmt ist.

Mein Gott, dachte ich, stell dir mal vor, es gäbe einen Manu–Tempel mit Wandzeichnungen von deinem Werdegang. Am Anfang das Paradies in Niederbayern, und dann der jähe Einsturz des Himmels mit nicht enden wollenden niederschlagenden Schicksalstrümmern und ... Und wo stand ich jetzt?, fragte ich mich.

Inzwischen hatte ich die Mitte des Lebens erreicht. Was würde mir die Zukunft bringen? Welchen Werdegang decken die Zeichnungen von der Manu auf?

Die Manu der Gegenwart war im paradiesischen Sri Lanka so weit weg wie noch nie von ihrem Kinderparadies.

Würde sie jemals dorthin zurückfinden?

Leider ließ auch im paradiesischen Sri Lanka der erste Streit nicht lange auf sich warten.

Manuel hatte zwei junge einheimische Mädchen als Bedienung eingestellt. Am Anfang war noch alles okay, ich fand die beiden sogar süß. Sie waren total schüchtern und zurückhaltend und sie himmelten Manuel unübersehbar an.

Er hatte tatsächlich wunderschöne blaue Augen mit dichten, langen Wimpern.

Zunächst störte mich das nicht, doch als er dann mit einer

im Lokal verschwand, wär ich beinah geplatzt.

Das Lokal hatte noch zwei kleine Zimmer. In einem schlief unser Koch. Er kam aus dem Norden und fuhr an seinen freien Tagen heim zu seiner Familie.

Das andere Zimmer war frei, da stand nur ein Bett drin.

Und genau in dieses Zimmer verschwand Manuel mit einem dieser Mädchen.

Als er irgendwann rauskam, machte ich ihm eine Szene.

Er zuckte die Schulter und meinte, ich solle mich nicht so anstellen, die Männer wären ja auch scharf auf mich.

Auf dem Höhepunkt des Streits gab er mir eine Ohrfeige.

Ab da war's bei mir vorbei.

Wir wohnten zwar noch zusammen, aber für mich war die Beziehung erledigt.

Ab da machte ich, was ich wollte, und flirtete mit den Einheimischen, was das Zeug hielt, und schlief auch mit ihnen.

Wenn ich das jetzt schreibe, schäme ich mich noch nach mittlerweile neunzehn Jahren dafür.

Dexter ging jeden Abend ins Lokal. Er gefiel mir sehr gut. Er war ständig mit seinen drei Freunden zusammen. Sie waren wie ein Kleeblatt. Eines Abends fragte er mich, ob ich nicht Lust hätte, mit ihnen zum Strand zu gehn.

Ich wusste schon, auf was es hinauslief, und sagte: ja.

Am Strand fing Dexter an, mich zu küssen, ein anderer berührte meine Brust, ein anderer fasste mir zwischen die Beine.

Und dann hob mich Dexter aufs Boot, und wir schliefen miteinander. Als er fertig war, war plötzlich sein Kumpel über mir.

Ich schlief mit allen Vieren.

Mein Gott, ich war wie eine Marionette und ließ alles mit mir geschehn.

Manuel war naiv, weil er dachte, wenn wir das Lokal pachten, würden wir reich.

Eines Morgens lief er mit noblem Anzug und James–Bond–Sonnenbrille auf. Wahrscheinlich wollte er den coolen Geschäftsmacker raushängen, aber in Wirklichkeit sah er absolut lächerlich aus. Okay, er kümmerte sich im Lokal um die Finanzen und um die Einkäufe. Ich kannte mich damit nicht aus. Aber als ich ihn mit diesem Outfit vor dem Lokal stehn sah, mit Ansage auf extrem cool, war ich geradezu fassungslos.

Von den Einnahmen konnten wir unsere Miete, die Angestellten, den Strom und die Pacht bezahlen. Und wir hatten unser Essen und Trinken drin. Aber mehr auch nicht. Allerdings brauchten wir auch nicht besonders viel Geld. Später schaffte sich Manuel für wenig Geld noch ein Geländemotorrad an, und ich mietete mir hin und wieder ein kleines Mofa.

Die Abende verbrachte ich immer in unserem Lokal.

Es war immer sehr lang geöffnet, manchmal bis zwei oder drei Uhr morgens.

Dann wurde geschlafen.

Manuel stand immer vor mir auf.

Ich ließ mir Zeit und legte mich nach meinem Frühstück erst mal in den Garten zum Sonnen.

Schräg gegenüber von unserem Haus stand ein klitzekleiner Kiosk, an dem ich mir immer meine Zigaretten besorgte.

Eines Tages stand am Kiosk ein kleiner Junge, der mich so anstrahlte, dass ich unwillkürlich zurücklächeln musste. Er war acht und sprach leider kein Englisch, und ich lud ihn zu mir ins Haus ein.

Wir „unterhielten" uns mit Zeichen im Sand.

Er hieß Rohana, sein Vater war Fischer und war sehr arm. Rohana konnte nur in die Schule, wenn sein Vater einen guten Fang gemacht hatte und die Schule bezahlen konnte. Er war unglaublich nett und freundlich, und wir wurden auf Anhieb Freunde.

Ich kaufte ihm immer was vom Kiosk oder gab ihm was zu essen, und er brachte mir öfters eine Kokosnuss mit.

Am Nachmittag fuhr ich mit meinem Mofa zum Lokal, machte mir was zum Essen und unterhielt mich mit den Leuten. So plätscherte alles erst mal dahin.

Im Laufe der Zeit lernten wir immer mehr Einheimische kennen und stellten fest, dass Dexter in Negombo einen ziemlichen Einfluss besaß und uns viele Gäste ins Lokal brachte.

Die Zeit verging und meine Wut auf Manuel auch. Irgendwann begruben wir unseren Streit und gingen wieder ganz normal miteinander um.

Als uns John, ein Einheimischer, zu sich nach Hause einlud, waren Manuel und ich schon miteinander versöhnt.

John wohnte in einem schönen Haus mit Toilette, was auf Sri Lanka Luxus ist. Er besaß sogar einen Fernseher, mit dem er deutsche Sender empfangen konnte.

John war ein sehr netter Mann, und der ersten Einladung sollten noch viele folgen. Über ihn lernten wir einen Fischer kennen, der sehr arm war und von einem Stuttgarter Ehepaar finanziell unterstützt wurde.

Die Armut auf Sri Lanka war erschreckend.

Am Anfang hatte ich das gar nicht richtig mitbekommen.

Jedenfalls gibt es auf Sri Lanka keine Mittelschicht, man ist entweder reich oder arm.

Nach den ersten drei Monaten auf Sri Lanka mussten wir in Colombo unser Visum erneuern.

Colombo ist die reinste Chaotenstadt. An was ich mich überhaupt nicht gewöhnen konnte, waren der Verkehr und die Fahrweise.

In Negombo war's ja schon heftig, aber hier verschlug es einem förmlich die Sprache. Doch das Erstaunlichste von allem war, dass es funktionierte! Trotzdem war ich heilfroh, dass Joe uns fuhr. Joe war Taxifahrer und fuhr die Touristen ins Landesinnere.

Zurück in Negombo fuhren wir wieder zu unserem Lokal.

Tagsüber war's im Lokal etwas langweilig, da war kaum etwas los. Die Touristen lagen natürlich am Strand, und die Einheimischen arbeiteten, und die, die keine Arbeit hatten, waren zu Hause bei ihren Familien.

Meist ging ich erst am Spätnachmittag ins Lokal und kümmerte mich um unsere Wäsche.

Die Einheimischen auf Sri Lanka kannten keine Waschmaschinen. Hier wurde noch so gewaschen wie zu Großmutters Zeiten. In einer Wanne, mit Seife.

Nach drei bis vier Tagen konnte ich die Wäsche wieder abholen.

Eines Abend fragte Joe Manuel im Lokal, ob er mich auf einen Drink in einem Hotel einladen dürfe.

Manuel hatte nichts dagegen.

Kurz darauf holte mich Joe am Abend mit einem Geländemotorrad ab.

Das Hotel lag am Ende von Negombo.

Wir setzten uns an die Theke, unterhielten uns und tranken Cola mit Wodka. Abends trank Joe auch immer ganz schön heftig, untertags allerdings keinen Tropfen. Wir verstanden uns von Anfang an, er sprach sogar ein bisschen Deutsch. Jedenfalls hatten wir viel Spaß.

Irgendwann dachte ich, hoffentlich kommen wir heil wieder nach Hause, denn Joe war schon ganz schön angetrunken.

Aber warum auch immer, ich stieg trotzdem aufs Motorrad.

Es war nur eine kurze Fahrt, denn nach nicht mal hundert Metern stürzten wir bereits.

Zu allem Überfluss trugen wir keine Helme.

Zum Glück waren die Straßen nicht geteert.

Joe flog ins Grüne, und ich stürzte zu Boden, vom Motorrad begraben, der heiße Auspuff direkt auf meinen Füßen.

Ich muss wohl für kurze Zeit bewusstlos gewesen sein.

Als ich die Augen aufschlug, stand ich unter Schock. Es war Nachts, und es waren kaum Leute unterwegs.

Ein paar Einheimische sahen mich zwar unter dem Motorrad liegen, stierten aber nur teilnahmslos vor sich hin.

Ich konnte nicht aufstehen, weil eben das Motorrad auf mir lag. Ich hatte furchtbare Schmerzen, und von Joe war nichts zu sehn. Doch dann entdeckte ich ihn endlich, umringt von Einheimischen, die sich bemühten, ihm zu helfen.

Als Joe mich sah, schickte er die Leute zu mir, um mich von dem Motorrad zu befreien. Joe schien nicht so viel passiert zu sein. Aber ich konnte kaum laufen, und mein linker Fuß schmerzte heftig.

Plötzlich waren Joe und die Einheimischen spurlos verschwunden, und ich hatte noch einen langen Weg bis zum Lokal vor mir.

Damals gab es noch kein Handy. Also blieb mir nichts anderes übrig, als mit den Schmerzen ins Lokal zu humpeln.

Manuel erschrak, als er mich sah, und nahm mich gleich in den Arm.

Dexter war Gott sei Dank auch im Lokal. Er fuhr mich sofort nach Negombo ins Krankenhaus, wo sie mich zu viert festhielten, bevor sie die Brandwunde mit Jod bestrichen.

Ich muss wie am Spieß geschrien haben.

Trotzdem war es die richtige Maßnahme.

Am nächsten Tag kam Joe ins Lokal und entschuldigte sich bei mir, aber auch bei Manuel. Es tat ihm sehr leid, was passiert war.

Mich hatte es sehr geschockt, wie sich die Einheimischen mir gegenüber verhielten, weil mir erst in dem Moment so richtig bewusst wurde, was eine Frau aus dem Westen wert war.

Ich rauchte, ich trank, ich unterhielt mich mit vielen Männern. Alles Dinge, die sich eine Frau aus Sri Lanka niemals erlauben darf.

Es dauerte eine ganze Weile, bis meine Wunde verheilt war. Als mein Fuß dann endlich wieder in Ordnung war, kam schon bald der nächste Hammer.

Aber bevor ich das erzähle, muss ich noch sagen, dass die Freundschaft mit John sehr intensiv war.

Manuel und ich waren sehr oft bei ihm eingeladen.

Da wusste ich noch nicht, dass John bereits Pläne mit mir hatte.

Auch da lief ein abgekartetes Spiel ab.

Heute bin ich davon überzeugt, dass auch Manuel seine Finger in diesem Spiel hatte.

Eines Abends tauchte in unserem Lokal Mark mit ein paar Kumpels auf.

Ich kannte ihn nur vom Sehen.

Er war ein komischer Kauz, aber irgendwie auch nett. Er kam unregelmäßig ins Lokal.

Irgendwann fragte er Manuel und mich, ob wir Lust hätten, für eine Woche mit ihm und ein paar Freunden nach Singapur zu fliegen.

Manuel sagte, dass es wegen des Lokals nicht ginge, weil einer von uns sich darum kümmern müsse. Schließlich meinte Manuel, dass ich, wenn ich möchte, schon mitfliegen könne.

Ich freute mich: Cool, eine Woche Singapur.

Oh Manu!

Auf meine Frage, was er denn in Singapur mache, meinte Mark, dass er für einen Geschäftsmann in Negombo einen Job erledigen müsse. Es handle sich übrigens um den reichsten Mann in Negombo. Vor dem Abflug müssten wir jedenfalls noch zu ihm.

Also fuhren wir vorher zu ihm.

Worum es ging, wusste ich nicht.

Tatsächlich war die Villa des ominösen Geschäftsmannes der absolute Hammer. Wo man auch hinschaute: alles vom Feinsten.

Kurz darauf flogen wir nach Singapur, wo wir am späten Abend landeten.

Wahnsinn, so einen Flughafen hab ich noch nie gesehen!

So was von sauber!

Doch als unser Taxi unser Ziel erreichte, traf mich der Schlag. Mark hatte von einer Pension gesprochen. Doch das war alles andere als eine Pension, das war eine Baracke.

Ich war enttäuscht. Mir war schon klar, dass wir nicht in einem Nobelhotel absteigen würden, aber das hier war echt eine heruntergekommene, stinkige Bruchbude.

Zusammen mit zwei Kumpels mussten wir uns zu viert ein Zimmer teilen.

Nach der mehr als bescheidenen Nacht teilten sie mir lakonisch mit, dass sie zunächst erst mal für ein paar Stunden abhauen müssten, in der Zwischenzeit solle ich mir doch Singapur anschauen.

Also marschierte ich los. Ich wusste von dem Infozettel aus dem Flugzeug, dass in Singapur strengstes Rauchverbot herrschte. Wenn man eine Zigarette auf den Gehweg fallen ließ und dabei von einem Polizisten erwischt wurde, kostete das glatt schlappe hundert Singapur Dollar.

In Singapur wurden rund um die Uhr die Gehwege gefegt und geschrubbt, so eine strahlende Sauberkeit habe ich in einer Stadt noch nie gesehn.

Ich ließ mich mit der Rikscha rumfahren.

Der Fahrer verriet mir Insider–Sightseeing–Tipps und zeigte mir wunderschöne Tempel.

Nach der Fahrt ging ich in der Nähe unserer Absteige spazieren und machte mich auf Entdeckungsreise.

Die Woche verging recht schnell.

Vor dem Abflug bat mich Mark um einen großen Gefallen. Er hätte für den Geschäftsmann in Negombo ein paar Elektrogeräte gekauft, ob ich einen Fernseher mit rübernehmen könne.

Ich dachte mir nix dabei, war ja nichts Illegales, und sagte: Klar, kein Problem.

In Colombo forderte mich beim Ausschecken ein Beamter auf, ihm zu folgen.

Ich hatte keine Ahnung, was er von mir wollte.

In dem Zimmer standen mehrere Männer, die sich aufgeregt miteinander unterhielten.

Plötzlich sagte einer zu mir:

„Entweder Sie fliegen wieder nach Singapur oder Sie fliegen nach Deutschland."

Ich verstand gar nichts und fragte, was das denn solle? Ich hätte weder die Absicht, in Singapur zu bleiben, noch nach Deutschland zu fliegen. Er möge doch mal genau meinen Pass anschauen.

Daraufhin erklärte er mir, dass es bei einem Langzeitvisum, wie ich es besäße, nicht erlaubt sei, Sri Lanka zu verlassen.

Ich sagte, dass mir das kein Mensch gesagt hätte.

Daraufhin entspann sich eine ewig lange Diskussion.

Mark war inzwischen mit seinen Kumpels schon längst wieder auf dem Weg nach Negombo.

Ich sagte den Beamten, dass ich mit meinem Freund in Negombo ein Lokal gepachtet hätte und mein Visum in sechs Wochen auslaufe, doch das interessierte die nicht. Ich war mit den Nerven am Ende, und mein Körper machte auch Kapriolen: Ich brauchte Alkohol.

Es dauerte Stunden, bis Manuel endlich kam, mit ihnen redete und ihnen Geld gab.

Anschließend durfte ich endlich den Flughafen verlassen, allerdings ohne den Fernseher.

Ich war stocksauer auf Mark, denn der hätte doch wissen müssen, dass ich Sri Lanka nicht verlassen durfte.

Abends kam Mark stocksauer ins Lokal, weil es mit dem Fernseher nicht geklappt hatte.

Ich hab ihn angeschrien, ob er noch ganz dicht wäre.

Als Dexter ins Lokal kam, hatte sich inzwischen zwar alles wieder halbwegs beruhigt, aber mit Mark redete ich kein Wort mehr.

Manuel hielt sich da raus, bis er plötzlich losbrüllte, dass er von Sri Lanka die Schnauze voll habe und nach Hause fliege.

„Na, mach doch", antwortete ich, „ich bleib jedenfalls noch so lange, bis mein Visum abgelaufen ist."

Manuel war so was von hinterhältig! Bevor er flog, nahm er fast das ganze Geld aus der Kasse mit und ließ mich mit fast null Geld allein in Sri Lanka zurück.

Jetzt stand ich hier als Freiwild fast ohne Kohle mit dem Lokal am Bein – echt toll!

Gott sei Dank hatte ich in Dexter noch einen guten Freund. Er passte auf mich auf. Und außerdem war auch noch John da, der sich um mich kümmerte.

Trotzdem hatte ich Angst, in der Nacht allein im Haus zu sein.

Zu allem Überfluss schlich ausgerechnet zu der Zeit ein Typ ums Haus, der von mir einen Korb bekommen hatte. Das ging ein paar Nächte so, bis ich es Dexter sagte und der sich den Typ anschließend vorknöpfte. Danach hatte ich Ruhe. Gott sei Dank.

Mit dem Lokal lief es nicht mehr toll. Ich hatte ja keinen blassen Schimmer, vor allem vom Finanziellen nicht, da hatte sich ja Manuel drum gekümmert. Auch kamen nicht mehr so viele Gäste, und Geld war kaum noch da. Ich wusste gar nicht mehr, wie ich die Angestellten bezahlen sollte, schließlich waren noch die zwei Mädels da und der Koch. War echt super von Manuel.

Schließlich konnte ich die Miete fürs Haus nicht mehr bezahlen. Ich war wieder mal das Opfer und wurde natürlich auch in Sri Lanka ausgenutzt.

Als ich John meine Situation erklärte, meinte er, dass er mir vielleicht helfen könne, dazu solle ich mit ihm zu dem superreichen Geschäftsmann in Negombo fahren, um, wenn ich Glück hätte, mit ihm ein Geschäft abzuwickeln. Mir blieb ja gar nichts anderes übrig. Also fuhren wir dorthin.

Zu meinem Erstaunen schlug mir der Superkrösus vor, seinen Sohn zu heiraten, damit dieser in Deutschland studieren könne, das sei ihm insgesamt 10.000 DM wert. Solange ich noch in Sri Lanka sei, würde ich um die 2.000 DM bekommen.

Ich überlegte nicht lange und erklärte mich einverstanden. Ich brauchte ja sofort Geld.

Das Wohnhaus musste ich aufgeben. Und das Lokal wahrscheinlich auch. Und dann müsste ich schließlich noch die Angestellten ausbezahlen.

John besorgte mir ein Zimmer in einer Pension direkt am Meer. Das Haus war noch fast ganz neu und vor allem billig.

Dann wurden wir plötzlich vom Monsun überrascht. So etwas hatte ich noch nie erlebt. Wie aus dem Nichts war der Strand weggespült worden.

Ich stand fast bis zu den Oberschenkeln in den Fluten. Mein Zimmer stand komplett unter Wasser. Es war schlimm.

Da der Strom total ausgefallen war, besorgte ich mir mit einem Einheimischen jede Menge Kerzen.

Und weil das ja noch nicht genug war, klopfte es plötzlich vor meiner Tür. Draußen standen drei Polizisten und die beiden Mädels von meinem Lokal. Sie bekämen noch ihren Lohn.

Darum habe sich Manuel gekümmert, sagte ich, weil ich davon ausgegangen war, dass er ihnen vorher noch den Lohn ausbezahlt hatte. Hatte er aber nicht. Es wurde immer schöner.

Ich sagte ihnen, dass ich im Moment selbst kein Geld habe und noch ein paar Tage warten müsse, worauf die Polizisten mir in einem ruppigen Ton befahlen, bis in spätestens zwei Tagen das Geld an die Mädels zu zahlen, ansonsten bekäme ich mächtig Ärger.

Als ich John von meinem unliebsamen Besuch erzählte, ging er zu meinem Schwiegervater in spe und strich den Vorschuss ein.

Nach zwei Tagen erschienen die Mädels mit den Polizisten noch mal auf der Matte und forderten das Geld.

Als ich es ihnen auszahlte, seufzte ich innerlich auf und bat mein Schicksal auf Knien, mich endlich in Ruhe zu lassen.

Nachdem ich das Lokal aufgegeben hatte, suchte ich mit John noch mal meinen zukünftigen Schwiegervater auf, um mit ihm die Heirat durchzusprechen.

Zu diesem Zeitpunkt war ich aber noch nicht von Bernd geschieden. Das sagte ich ihm auch, und erklärte, dass es deshalb noch etwas dauere, bis ich seinen Sohn heiraten könne.

John wollte im März 1992 nach Deutschland fliegen, um Freunde in Ratingen zu besuchen, wo er vier Jahre gelebt hatte. Dort wolle er etwa zwei Wochen bleiben und anschließend seine Tochter in Schweden besuchen.

Ich gab ihm meine Telefonnummer, und wir verabredeten,

dass ich ihn dann in Ratingen besuchen würde.

Bevor ich nach Deutschland fliegen konnte, musste ich noch einige Wochen in Sri Lanka bleiben, um alles zu erledigen.

Doch dann war es endlich soweit.

Ich rief Manuel von Negombo aus an und bat ihn, mich vom Flughafen abzuholen.

Der Flug war nicht ganz reibungslos.

Mitten im Flug informierte uns der Pilot, dass die Maschine aufgrund eines Betriebsschadens in Dubai zwischenlanden müsse, wo wir von Bussen abgeholt würden, die uns in ein naheliegendes Hotel brächten. Es könne etwas dauern, bis der Schaden behoben sei.

Als wir in Dubai zum Hotel gefahren wurden, teilte man uns mit, dass wir die Hotelanlage nicht verlassen dürften.

Die Zimmer waren extrem nobel ausgestattet, was ich allerdings nicht genießen konnte, weil man mich mit einer heroinabhängigen Thailänderin zusammenlegte, was mich unangenehm berührte.

Nach einem schicken Abendessen informierte man uns, dass der Flug am nächsten Vormittag fortgesetzt würde.

Gott sei Dank war ich so müde, dass ich gleich nach dem Abendessen auf mein Bett sank und einschlief.

Am nächsten Tag ging es dann problemlos nonstop nach Frankfurt.

Manuel holte mich am Flughafen ab, wo wir gleich mit dem Zug nach München weiterfuhren.

Ich war sauer auf ihn. Er hatte zig Ausreden und erzählte, dass sein Bruder Jürgen mittlerweile ein eigenes Appartement habe und er, Manuel, wieder in seiner alten Wohnung lebe.

Schließlich nahm er mich in den Arm und bat mich, ihm zu verzeihen.

## 11. Kapitel: Ratingen, Langenfeld

Okay, ich lebte mit Manuel wieder unter einem Dach. Das war Juni 1991. Er hatte wieder in seiner Firma anfangen können.

Aber ich musste auch wieder was tun und kontaktierte eine ehemalige Kollegin, worauf ich dann auch relativ schnell wieder in einem Club arbeiten und an die Zeit vor Sri Lanka anknüpfen konnte.

Ich hatte Glück mit dem Klub, weil ich wieder eine Frau als Chefin hatte. Ich mochte sie sehr. Und sie mich auch. Deshalb bekam ich auch öfters mal am Samstag frei.

Im September besuchten Manuel und ich die Disco *Fantasy*.

Offensichtlich hatte Manuel, während ich noch in Sri Lanka war, die Disco schon öfters besucht. Jedenfalls, als wir die Disco betraten, steuerte er sofort auf eine junge Frau mit schulterlangen blonden Haaren zu.

Erst machte ich mir keine großen Gedanken. Aber dann unterhielt er sich ewig lange mit ihr, und ich stand allein doof da. Ich kannte ja keinen da drin. Schließlich wurde es mir zu blöd. Ich ging zu ihm und schrie ihn an, ob er nicht ganz dicht sei, ich hätte jedenfalls die Schnauze voll und führe nach Hause. Ich rannte raus, er mir hinterher.

Beim Rückwärtsfahren fuhr ich vor lauter Wut gegen eine Mauer, was mir aber scheißegal war. Ich hielt auch nicht an, um ihn mitzunehmen, und machte einen auf Megazoff.

Anschließend entschuldigte er sich und behauptete, sich lediglich nur unterhalten zu haben.

Ich sagte ihm, dass ich auf so ein Verhalten keinen Bock

hätte und er ja dann auch gleich allein hätte dahin fahren können.

Ab da war eine Mauer zwischen uns.

Im Oktober sagte ich ihm, dass ich so nicht mehr mit ihm zusammenleben wolle. Schließlich einigten wir uns darauf, dass ich bei ihm auszöge, sobald ich eine Wohnung gefunden hätte.

Irgendwie packte ich es nicht mehr, in dem Club zu arbeiten und erkundigte mich bei einem *HL Markt* in der Nähe von Manuels Wohnung nach einer Stelle als Kassenkraft.

Tatsächlich wurde ich eingestellt.

Damals gab es noch die alten Kassen zum Tippen.

Es war eine kleine Filiale. Anfangs konnte man dort noch gut arbeiten.

Ich hatte immer eine Flasche Fanta mit einem Schuss Wodka dabei.

Zunächst hat keiner was gemerkt.

Bald hatte ich einen Stammkunden in meinem Alter, der jeden Tag zum Einkaufen kam und sich an der Kasse immer ein bisschen mit mir unterhielt. Ich fand ihn sympathisch.

Eines Tages fragte er mich, ob er mich am Abend auf ein Getränk in einer Kneipe einladen dürfe.

Ich freute mich darüber und sagte natürlich ja.

Einen Tag später trafen wir uns vor dem Supermarkt und gingen in sein Stammlokal, eine kleine Kneipe.

Anschließend ging ich noch mit zu ihm.

Als ich ihm die Sache mit Manuel erzählte, bot er mir an,

bei ihm zu wohnen.

Ich war ganz aus dem Häuschen vor Freude.

Am nächsten Tag ging ich nach der Arbeit wieder in Manuels Wohnung.

Ich wartete, bis er nach Hause kam, und erzählte ihm, dass ich jemanden kennengelernt hätte, bei dem ich auch wohnen könne.

Manuel meinte, ich könne es ja mal versuchen, und falls es nicht klappe, könne ich jederzeit wieder bei ihm wohnen.

Ich wohnte bei dem anderen nicht lange.

Es lief schließlich darauf hinaus, dass er nur mit mir ins Bett wollte. Er hatte sich mit seiner Freundin gestritten und wollte ihr nun eins auswischen. Also ging ich wieder zu Manuel. Da war ich aber auch nicht glücklich. Vor allem weil die Frau, mit der er in der Disco so lange geredet hatte, jetzt schon bei ihm zu Hause anrief.

Da platzte mir dann der Kragen.

Auch wenn wir nicht mehr ein Paar waren, tat es mir weh, und ich überlegte fieberhaft, bei wem ich unterschlüpfen konnte.

Wie alles zustande kam, weiß ich, ehrlich gesagt, inzwischen auch nicht mehr, ich kann mich jedenfalls nur noch daran erinnern, dass mir Manuel an dem Tag, wo ich bei ihm auszog, noch mal ganz gehörig eins ausgewischt hat, was mir bis heute noch ungemein wehtut.

Manchmal stimmt der Spruch *Die Zeit heilt alle Wunden*

nicht. Zumindest bei mir war es so.

Jedenfalls konnte ich zu einem Mann in Unterhaching ziehen, den ich von der Bahnhofskneipe her kannte. Er hieß Stefan.

Während ich mein ganzes Hab und Gut, darunter auch meine Fotoalben, in denen meine Kindheit in Niederbayern, die Kindergarten– und Schulzeit und die glorreiche Pubertät abgelichtet waren, in mein Auto gepackt habe, ging Manuel derweil in die Kneipe ums Eck.

Ich musste noch mal kurz in die Wohnung und fuhr mit dem Lift in den 4. Stock. Ich wollte noch eine Schulfreundin anrufen.

Plötzlich kommt Manuel zur Tür rein und sagt, ich soll schnell aufhören zu telefonieren, mein Auto wär aufgebrochen worden, und meine ganzen Sachen seien weg.

Ich war total am Ende.

Wir fuhren runter und sahen, dass tatsächlich die Heckscheibe eingeschlagen war.

Ich konnte mir absolut nicht vorstellen, wie so was möglich war, es war abends, zwar schon dunkel, aber wir wohnten an einer stark frequentierten Hauptstraße.

Meine ganzen Sachen waren weg! Unglaublich!

Jetzt besaß ich nur noch das, was ich am Leib trug.

Ich weinte und war komplett am Ende.

Manuel versuchte, mich zu beruhigen, und sagte, dass er zur Polizei fahren wolle.

Wenn ich damals nur ein bisschen klarer gedacht hätte, hätte ich sofort gemerkt, dass die Sache zum Himmel stank.

Ich ging wieder in die Wohnung, während er angeblich zur Polizei fuhr.

Nach kurzer Zeit kam er zurück und sagte, dass er eine Anzeige erstattet hätte und in der Nähe eines Obdachlosenheims eine leere Tasche von mir gefunden worden wäre.

Alles papperlapapp.

Ich fuhr dann endgültig fort nach Unterhaching.

Manuel war abgehakt.

Ich glaub bis heute noch, dass er meine Sachen vernichtet hat.

Am meisten vermisse ich meine Fotoalben. Da darf ich gar nicht drüber nachdenken, weil mir das schrecklich wehtut.

Jetzt war ich wieder in Unterhaching.

Bei dem *HL–Markt* hörte ich auf, weil die dahintergekommen waren, dass ich während der Arbeit Alkohol trank. Die haben das mit Sicherheit auch gerochen.

Na ja, war mir auch egal.

Stefan besaß ein schönes Reihenhaus am Ende von Unterhaching. Er verwöhnte mich nach Strich und Faden.

Wir schliefen auch miteinander und verstanden uns ganz gut. Wir badeten gemeinsam und tranken in der Badewanne Champagner. Alles vom Feinsten.

Übers Geld bräuchte ich mir keine Gedanken machen, meinte Stefan.

Ein paar Wochen ging das auch ganz gut.

Die ganze Zeit über hatte ich immer noch Kontakt zu meiner Mutter gehalten. Wenn sie nicht telefonieren konnte, weil mein Vater in der Nähe war, legte sie auf, dann wusste ich Bescheid. Meistens wusste ich ja, wann mein Vater zu Hause war, denn er hatte immer seinen bestimmten Rhythmus.

Im Februar 1992 erfuhr ich von meiner Mutter, dass John angerufen hatte. Er hatte seine Telefonnummer hinterlassen und bat mich, mich bei ihm zu melden.

Ich freute mich riesig über seinen Anruf und rief sofort zurück.

Er war mittlerweile schon in Ratingen, und wir verabredeten einen Zeitpunkt, zu dem ich ihn besuchte.

Blöd war nur, dass ich nicht mehr bei Stefan bleiben konnte.

Ich hielt es nicht mehr bei ihm aus. Er war jeden Tag stockbesoffen und ging mir furchtbar auf die Nerven. Ich hatte einfach keine Ruhe mehr. Ich musste mir also, bevor ich nach Ratingen fahren konnte, noch eine Wohnung suchen. Doch Gott sei Dank fand ich bei einem ehemaligen Arbeitskollegen vom Werkzeugbau Unterschlupf.

Wann genau ich nach Ratingen hochgefahren bin, weiß ich nicht mehr, ich weiß nur, dass es noch im Frühjahr 1992 war und ich bis dahin noch bei dem ehemaligen Arbeitskollegen wohnte, auch wenn es mir unangenehm war, dass er mitbekam, wie viel ich trank.

Von einem früheren Nachbarn lieh ich mir Geld für die Fahrkarte und noch was zum Leben. Ich hatte John die Ankunft in Düsseldorf mitgeteilt und war superneugierig auf das, was mich erwartete.

Mittlerweile war ich geschieden worden und hatte also die Papiere, die ich für die Scheinehe mit dem Sohn des sri-lankischen Superkrösus brauchte.

John lebte schon vier Jahre in Ratingen, seine Frau, eine Deutsche, stammte von dort. Jedenfalls war geplant, von hier aus wieder nach Düsseldorf zu fahren und von dort wegen der Scheinehe wieder nach Sri Lanka zu fliegen.

Was mich tierisch genervt hatte, war, dass mich John in der Nacht (wir schliefen in einem Zimmer) plötzlich angemacht hatte. Damit er Ruhe gab, schlief ich halt mit ihm. Hat mich schon ganz schön abgetörnt. Aber Nein sagen konnte ich nicht, daran habe ich noch nicht mal gedacht: In meinem Leben gab's kein Nein zu sagen.

Gereizt fuhr ich mit ihm zum Flughafen und klapperte die Schalter auf der Suche nach einem günstigen Flug nach Sri Lanka ab.

Ich weiß nicht mehr, nach dem wievielten Schalter mir dann auffiel, dass John sich nur nach einem Hinflug erkundigte.

Als ich ihn darauf ansprach, erklärte er mir, dass ein Hin- und Rückflug zu teuer wäre.

Ich flippte aus, und fragte ihn entgeistert, ob er glaube, dass ich komplett bescheuert wär: Nur einen Hinflug zu buchen, bedeute schließlich, nicht mehr nach Deutschland zurückkehren zu können.

Er meinte nur, dass ich dafür ja viel Geld bekomme.

Daraufhin fragte ich ihn, ob er denn meinte, dass ich über den Ozean heimschwimmen solle?

Jedenfalls fuhr ich stocksauer mit ihm unverrichteter Dinge wieder zurück nach Ratingen, nahm meine Tasche und haute mit einer Stinkwut ab.

Ich kannte mich in Ratingen überhaupt nicht aus und fuhr blind mit der Tram in die Innenstadt und ging in die nächste Kneipe. Mein Gott, war ich sauer! Ich bestellte mir ein Bier und überlegte, was zu tun war.

Aber wie es halt so läuft bei mir, saß ich nicht lang allein am Tisch, denn wie üblich kam ein Typ zu mir, stellte sich als Franz vor und fragte mich, was mit mir los sei, weil ich so traurig schaue. Schließlich setzte er sich zu mir und lud mich auf ein paar Getränke ein.

Ich erzählte ihm, was los war.

Wenn ich möchte, könne ich bei ihm wohnen, sagte er.

Ich bedankte mich und sagte: Ja, das wär schön. Schließlich hatte ich keine Ahnung, was ich machen sollte.

Irgendwann verließen wir die Kneipe und fuhren zu seiner angeblichen Wohnung. Es stimmte nämlich nicht, was er mir erzählte, denn wir fuhren zu einer kleinen Pension.

Am nächsten Tag gingen wir wieder in diese Kneipe. Sie gefiel mir.

Plötzlich tauchte John auf und behauptete, dass er mich schon die ganze Zeit gesucht habe und froh sei, dass Franz bei mir sei. Aber ich sah, dass John immer noch ziemlich sauer auf mich war, weil ich schließlich auf Sri Lanka schon einen Vorschuss bekommen hatte.

Ich sagte ihm, dass ich das „Geschäft" auch durchgezogen hätte, wenn ich ein Hin- und Rückflug-Ticket bekommen hätte.

Er meinte, man könne das Rückflugticket ja auch in Sri Lanka besorgen.

„Das glaube ich nicht", sagte ich. „Jedenfalls lass ich mich nicht darauf ein. Entweder Hin-und Rückflugticket oder eben gar nicht."

Dann mischte sich Franz noch ein, weil John gar nicht aufhörte, und schließlich war dann irgendwann Ruhe, und John ging endlich.

Nachdem Franz gemerkt hatte, dass ich Alkoholikerin war, rückte er damit raus, dass er gar keine Wohnung habe, sondern obdachlos sei und am Rande von Ratingen in einer Container-Siedlung für Obdachlose wohne. Als ich ihm sagte, dass mir das nichts ausmache, war er ganz begeistert.

Wir verliebten uns und blieben erstmal zwei Nächte in der Pension.

Am nächsten Tag gingen wir dann zu dieser Container-Siedlung.

Mir machte das wirklich nichts aus, ich war irgendwie gefühllos. Mir war alles egal. Hauptsache, ein Dach überm Kopf und Alkohol.

Oh Herr!, es gibt ja viele Dinge in meinem Leben, die ich am liebsten nie erlebt hätte. Aber diese Zeit würde ich am liebsten komplett aus meinem Kopf streichen, die Zeit anhalten und das Folgende nie erlebt haben.

Geht aber leider nicht.

In der Container-Siedlung standen etwa zehn Bauwagen nebeneinander. Gegenüber standen dann noch mal ungefähr so viele. Hier „lebten" Sintis und Romas.

Wir gingen erst mal zu seinem Bauwagen, schliefen miteinander und gingen wieder raus.

Es war schon krass, was da für Leute hausten. Die meisten waren Drogenabhängige. Das „Harmloseste" war Marihuana. Die meisten aber nahmen harte Drogen: Heroin.

Außer mir waren noch zwei Frauen hier, die eine war Alkoholikerin und die andere hing an der Nadel und war schwerstheroinabhängig.

Ich wusste überhaupt nicht, was da alles auf mich zukam, und verhielt mich erst mal ruhig, sprach kaum und beobachtete zunächst einmal nur alles.

Die erste Nacht war übel. Ich konnte kaum schlafen, weil immer irgendwo laut Musik dröhnte, oder sich irgendwelche Leute stritten.

Es war schon absolut gewöhnungsbedürftig, da zu leben.

Überhaupt: Was da für Leute lebten – es war irre!

Und ich mittendrin.

Eines Tages fiel mir auf, dass bei dem vorletzten Bauwagen Beine rausschauten. Kurz darauf kam ein Krankenwagen.

Ich fragte Franz, was los sei.

Franz: „Ach, das ist Anja, hat sich wahrscheinlich wieder einen Schuss gegeben, wo das Heroin nicht in Ordnung war."

Ich dachte, ich sei in einem Film. Ich hatte ja bei Atze und

Chantal auch schon einiges in Sachen Drogen mitbekommen. Aber das war absolut gar nichts zu dem, was hier abging.

Ich war schockiert.

Franz meinte lakonisch, dass ich mich schon dran gewöhnen würde.

Nach und nach lernte ich die Leute kennen. Es war schlicht brutal, was ich erlebte, und ich übertreibe keineswegs, wenn ich sage, dass für diese Leute jeder Tag eine Herausforderung in einem Monsterüberlebenskampf bedeutete.

Ich unterhielt mich mit vielen, aber mit einigen waren keine Gespräche mehr möglich, weil sie schlichtweg physische oder psychische Wracks waren. Der einzige Grund, warum ich mich einigermaßen wohlfühlte, soweit man überhaupt davon sprechen kann, war die Tatsache, dass ich als Alkoholikerin nicht weiter auffiel. Im Übrigen wurde aufs Übelste geklaut, gelogen und betrogen.

Und jeden Tag ging's bei jedem Einzelnen nur um die pervertierte Zeile des Vaterunsers, in der es heißt: *Und unsere tägliche Droge gib uns heute.*

Der eine besorgte sie sich durch Einbruch, der andere durch Dealen.

Anja ging auf den Straßenstrich, um Ihre Heroinabhängigkeit zu finanzieren.

Alle, glaub ich, bekamen ausnahmslos Sozialhilfe.

Irgendwann ging ich auch zum Sozialamt in Ratingen, bekam aber nichts. So schnorrte ich mich bei den Leuten durch. Außerdem hatte ich ja noch ein bisschen Geld.

Was für mich besonders schlimm war, war die Aggressivität in der Siedlung. Es gab da zwei Brüder, die zwar nicht in der Siedlung wohnten, aber regelmäßig wegen Drogen vorbeischauten und die Leute fertigmachten. Sie gingen von Container zu Container und schlugen die Leute windelweich, um sie gefügig zu machen, und legten ein typisches Mafia-Verhalten an den Tag. Sie selbst nahmen ebenfalls harte Drogen und machten mir richtig Angst. Es war furchtbar, wenn ich mit Franz im Bauwagen war und mit anhören musste, wie nebenan die Brüder die Leute zusammenschlugen. Und keiner traute sich, die Polizei zu rufen.

Ich trank mittlerweile mehr Schnaps als Bier. Auch ich wurde aggressiver, und da Franz ebenfalls Alkoholiker war, flogen bei uns nicht nur die Fetzen, er schlug mich auch.

Als ich es einmal geschafft hatte, vor ihm aus dem Bauwagen zu fliehn, lief ich wie um mein Leben immer weiter, bis ich endlich ein Versteck fand und mich auf dem Boden kauerte und mich noch nicht mal traute, zu weinen, weil ich Angst hatte, dass Franz mich finden würde.

Es war furchtbar!

Keiner der Leute half mir. Es war ihnen gleichgültig, dass ich geschlagen wurde.

Ich war absolut verzweifelt und abgrundtief einsam. Es gab keine einzige vertraute Person in meinem Leben. Ich wusste überhaupt nicht mehr, was ich machen sollte. Ich konnte ja nicht mal nach München zurück, weil ich inzwischen kein Geld mehr hatte. Null Pfennig.

Eine Weile blieb ich noch in dem Versteck, aber dann brauchte ich Alkohol und musste wieder zurück. Ich hatte so viel Angst. Aber was sollte ich machen?

Franz hatte mich gesucht und war erleichtert, als er mich sah, und nahm mich in den Arm und entschuldigte sich.

Ich war total eingeschüchtert und verängstigt.

Er war dann wieder ganz lieb zu mir und versprach mir, dass so was nie wieder vorkomme, und ich glaubte ihm.

Wir hingen den ganzen Tag ab, bei schönem Wetter saßen wir vor den Bauwägen und unterhielten uns mit den anderen.

Wir verließen die Siedlung nur kurz, um was zum Einkaufen zu organisieren. Ansonsten wurde in der Siedlung den ganzen Tag bis in die Nacht getrunken, oder man pumpte sich wie die meisten mit Drogen voll. Ein hochkarätiges Elend. Tag für Tag.

Mit der Zeit freundete ich mich mit Anja an, sie fragte mich, ob ich nicht mal Lust hätte, mit ihr zum Straßenstrich zu fahren.

Als sie meine ablehnende Haltung bemerkte, wiegelte sie ab und meinte, das sei einzig und allein meine Entscheidung, ob ich noch etwas Geld verdienen möchte.

So fuhr ich mit ihr am Abend nach Düsseldorf und schaute mir das an.

Als wir dahinkamen, hatten sich schon mehrere Mädels entsprechend postiert.

Anja hatte ihre Freier. Ich stand im Abseits mit Zigaretten und Bier „bewaffnet" und wartete, bis sie fertig war. Danach besorgte sie sich ihren Stoff, bevor wir wieder nach Ratingen zurückfuhren.

An diesem Abend ging ich mit in ihren Container. Schließlich bot sie mir an, beim nächsten Mal den einen oder anderen Hausbesuch zu übernehmen, sie habe jedenfalls in Düsseldorf einen Stammfreier, den sie regelmäßig aufsuche, und warum sollte ich mir nicht auch etwas Geld verdienen?

Natürlich war das schon verlockend für mich, nachdem ich ja vom Sozialamt kein Geld bekam.

Franz war froh, dass ich mit Anja so gut klarkam. Was sich aber allmählich immer stärker einschlich, war die Tatsache, dass er mich immer öfter schlug. Schon allein deshalb war ich froh, abends mit Anja in Düsseldorf auf Freier-Tour zu gehen. Dagegen hatte er nichts, weil er Anja so gern mochte und sie ihm immer wieder heilig versprach, auf mich aufzupassen und mich heil wieder zurückzubringen.

So fuhr ich öfters mit zum Straßenstrich und achtete jedes Mal auf Abstand, damit mich keiner ansprach. Nach wie vor wollte ich mich nur an den Hausbesuchen beteiligen, der Straßenstrich ging mir gewissermaßen gegen den Strich.

Aber dann ist es mir trotzdem passiert, dass ein Mann bei mir vorbeiging und mich ansprach, wie viel ich denn verlangte.

Ich kannte von Anja die Preise und fragte ihn, was er denn wolle.

Er sagte mir, dass ich ihm nur einen runterholen solle.

Daraufhin verlangte ich 50 DM.

Es dauerte keine zehn Minuten und ich war um 50 DM reicher.

Einmal stand es ganz ganz schlimm um Anja.

Sie hatte einen furchtbaren Entzug hinter sich und fragte mich, ob ich sie nach Essen begleiten könne, um Stoff zu besorgen.

Ich fuhr mit, weil ich so starkes Mitleid mit ihr hatte.

Was ich da zu sehen bekam, war so unfassbar schrecklich, dass ich die Bilder noch heute vor meinen Augen hab.

Vom Hauptbahnhof war es noch ein Stück zum Treffpunkt, der unter einer großen Brücke lag, wo sich Anja das Heroin besorgte. Als wir dort ankamen, lungerten etwa acht Junkies rum. Einer davon stach sich die Nadel direkt in den Fuß.

Ich sagte zu Anja, dass ich so was nicht sehen könne, und ging ein paar Meter weg.

Plötzlich kam ein Typ auf mich zu und fragte mich, was ich hier wolle.

Ich sagte ihm, dass ich mit Anja gekommen sei.

Daraufhin ging er brummelnd zu den andern rüber.

Als ich mich nach ihm umsah, sah ich, dass sich einer grad die Nadel in den Hals reinstach.

Ich hoffte, dass Anja bald fertig war, sie musste sich ja auch einen Schuss setzen, sonst hätte sie keinen Schritt mehr gehen können.

Sie zitterte am ganzen Körper und hatte schon Schweißausbrüche.

Nachdem sie endlich fertig war, fuhren wir wieder zurück nach Ratingen.

Mit Franz artete es mittlerweile dermaßen aus, dass ich

meine Taschen nahm und in einen anderen Bauwagen zog, wo sich ein Typ meiner erbarmt hatte, der dafür sorgte, dass Franz mich in Ruhe ließ, was dann Gott sei Dank auch klappte.

Wenn ich zu diesem Zeitpunkt doch bloß hätte wissen können, dass mir das Schlimmste erst noch bevorstehen sollte, ich hätte in panischer Angst das Weite gesucht!

Detlef hieß der Typ.

Er machte einen ruhigen Eindruck auf mich. Er war auch nicht einer, der gleich mit mir schlafen wollte, und ich dachte mir, dass sei ein gutes Zeichen.

Wie ich mich täuschte!

Am Anfang lief alles noch ganz ruhig ab. Aber irgendwann fing auch er an, mich zu schlagen.

Ich hab mir nur gedacht, das kann doch einfach nicht wahr sein, dass ich immer wieder an gewalttätige Männer gerate.

Auch Detlef entschuldigte sich bei mir.

Rückblickend erinnert mich die Spirale der Entschuldigungen im Anschluss an die immer wiederkehrenden brutalen Angriffe gegen mich an die Sündenvergebungen während des Abendmahls, in meinem Fall waren sie nichts anderes als neu ausgestellte Freibriefe zu nächsten Gewalttaten.

Ich weiß nicht, was ich damals empfand. Ich glaub, ich war einfach nur noch Hülle. Und der Rest war …?

Schweigen.

Im Grunde weiß ich es heute noch nicht.

So vergingen die Monate.

Es war Sommer.

Wir grillten.

Abends fuhr ich immer noch ab und zu mit Anja mit.

An diesem Abend fuhren wir zu ihrem Stammkunden, bei dem sie immer Hausbesuche machte.

Anja sagte mir, er wüsste Bescheid, dass ich mitkomme, und es sei in Ordnung.

Er zahlte gut, und wir mussten nicht viel machen.

Er wollte gar keinen Sex, nur fummeln, und hat sich einen runterholen lassen.

War mir egal, ich bekam mein Geld und konnte mir davon wieder was zum Essen und Trinken besorgen.

Am nächsten Morgen, als ich aus dem Container trat, war auf einmal das ganze Areal von der Polizei umstellt.

Ich zitterte und fragte einen Polizisten, was los sei.

Razzia.

Jeder Container wurde auf den Kopf gestellt.

Die sind mit Schäferhunden rein und haben stundenlang alles umgepflügt.

Einige Leute wurden festgenommen, darunter auch Detlef.

Ich vegetierte weiter dahin. Ging abwechselnd mal in den Container, dann zum nächsten, schlief mal hier mit einem, dann mit jenem, es war grausam.

Irgendwann hatte ich so viel Geld, dass ich mit einem Kumpel nach München fahren konnte.

Meine Eltern waren zu der Zeit in Urlaub, Carolin wohnte noch zu Hause.

Ich freute mich, Carolin wiederzusehn.

Abends zog ich allein los.

Heute weiß ich nur, dass ich mich von einem Typen heimfahren ließ, weil ich noch irgendwas brauchte. Er wartete bei den Garagen auf mich.

Ich lief mit meinen Ballerinaschuhen zur Wohnung und rutschte kurz vor der Haustür aus und federte mich mit der Hand ab. Meine Hand tat zwar furchtbar weh, aber ich dachte mir nichts dabei. Ich ging also rein, zog mir andere Schuhe an und verließ die Wohnung wieder.

Unterwegs schwoll meine Hand so furchtbar an, dass ich zu dem Typ sagte, er solle mich bitte ins Krankenhaus fahren, er brauche auch nicht auf mich zu warten.

Wie sich herausstellte, hatte ich einen komplizierten Handgelenkbruch erlitten.

Jetzt musste ich wohl oder übel ein paar Tage länger in München bleiben.

Ich weiß heute nicht mehr, wie es zustande kam, auf jeden Fall traf ich mich mit Manuel und fuhr zu seiner Wohnung.

Er freute sich total, mich zu sehn. Er freute sich so sehr, dass er mich gleich fragte, ob ich bei ihm übernachten wolle. Ich sagte Ja.

Wir schliefen miteinander, die Nacht war voll schön.

Detlef hatte ich schon irgendwie abgeschrieben.

Und trotzdem war ich so unfassbar blöd und fuhr ein paar Tage später wieder nach Ratingen.

Wäre ich doch nur in München geblieben!

Klaus meinte, kein normaler Mensch könne das verstehen, weil die normalen Menschen das rationale Instrument des Verstandes und vernünftiger Erfahrungswerte heranzögen. Bei solch irrationalen Verhaltensweisen müsse man aber das ganze Spektrum menschlicher Reaktionen zugrunde legen, um solche irrationalen Handlungen zu verstehen.

Er meinte, hier wäre wahrscheinlich das passiert, was häufig gerade bei Missbrauchsopfern so frappant aufstöße: der geradezu magische Drang des Opfers zum Täter.

„Ja, aber warum?", fragte ich ihn.

Klaus streichelte, wie er es gern machte, wenn er intensiv nachdachte, mit seinem rechten Daumen und Zeigefinger sein Kinn, indem er sie wie eine Schere über seinem Bart öffnete und wieder schloss. Das gab ihm Kraft und Ruhe zum Nachdenken.

Seine Antwort war für seine Verhältnisse ziemlich kurz.

„Im Grunde will das Opfer immer wieder geschlagen werden, um sich als Opferlamm zu stigmatisieren und der Umwelt zu zeigen: Seht her, wie ich leide: Erlöst mich!"

Ehrlich gesagt, so hatte ich das noch nie gesehen.

„Weißt du", fuhr er fort, „das Opfer zieht es deshalb immer wieder unbewusst zum Täter, damit der Täter die Ungeheuerlichkeit des fortwährend erlittenen Unrechts so lange auf die Spitze treibt, bis die Umwelt es nicht mehr ertragen kann und dem Leid endlich ein Ende bereitet. Gerade weil diese Opfer entblößt und hilflos in ihrer Einsamkeit sind, suchen sie die Gewalt des Täters, damit ihr Leid für die Umwelt so krass offenbart wird, dass die Gesellschaft schon allein aus dem moralischen Druck heraus für das ohnmächtige Opfer die Gerechtigkeit wiederherstellt."

Wenn ich Klaus doch nur früher kennengelernt hätte!

In Ratingen steuerte ich schnurstracks auf Detlefs Container zu. Den Schlüssel hatte ich ja.

O Mannomann! Wenn ich die Zeit zurückdrehen könnte, dann auf jeden Fall die Zeit in Nordrhein–Westfalen! Ich würde sie soweit zurückdrehen, dass sie nie wieder vorkommen könnte

Einer aus der Container–Siedlung hat einmal ganz offen ausgesprochen, was die Siedlung in Wahrheit war: der Abschaum der Menschen von Ratingen.

Ich fühlte mich aber genau bei diesem Abschaum sicher. Hier fiel ich nicht auf, ich war sozusagen eine von denen. Wohlgefühlt habe ich mich allerdings überhaupt nicht. Aber ich fühlte mich so und so nicht wohl, egal wo ich gelebt hätte.

„Das ist interessant", sagte Klaus, „wenn das stimmte, was du sagst, dass du dich hier sicher fühltest, weil du nicht auffielst, dann hört sich das wie ein glatter Widerspruch zu dem an, was ich vorhin zu dem magischen Drang des Opfers zum Täter gesagt habe. Aber ich glaube, das ist nur ein scheinbarer Widerspruch. Im Grunde handelt es sich hier um zwei Ansichten, deren Widerspruch lediglich ihre unterschiedliche Qualität verdeutlicht, denn wenn du nicht auffallen wolltest, dann heißt das, dass du Angst hattest, als Opfer nicht ausgegrenzt zu werden. Das wäre das Schlimmste, was dir hätte passieren können: die totale Isolation. Das wäre praktisch der ewigen Verdammnis gleichgekommen. Aber der Mensch ist nun mal sehr widersprüchlich. Normalerweise müsste das natürliche

Mitempfinden die Menschen mit dem Opfer mitfühlen lassen. Doch sehr oft grenzen sie genau diese oft aus, obwohl sie in den meisten Fällen noch dazu unschuldig sind. Warum? Nun, weil es ihnen selbst zu nahe geht, es sie zu sehr bedrängt, es ihnen unangenehm ist, und deshalb neutralisieren sie sie wie ein Virenscanner, der Viren in Quarantäne schickt. Auf diese Weise sind sie davor sicher, dass sie vom Virus des Mitgefühls angesteckt werden, denn immerhin ist *Mitgefühl* in unserer globalisierten Leistungsgesellschaft oft gleichbedeutend mit *Schwäche*, zumindest im männlichen Leistungsdenken. So kommen also zwei widersprüchliche Antriebe zusammen: Auffallen (um das erlittene Unrecht deutlich zu machen) und Nichtauffallen (um nicht ausgegrenzt zu werden). Also Sein und Nichtsein. Das ist die ewige Frage, die ewige Suchbewegung. Doch beide gegensätzlichen Antriebe haben eine Quelle: Sehnsucht nach Liebe und Anerkennung."

Ich schwieg auf Klaus' Antwort. Und da er wusste, dass mein Schweigen die größtmögliche Übereinstimmung war, schwieg auch er.

Was mir von Anfang an nicht an der Container-Siedlung in Ratingen gepasst hat, waren die sanitären Verhältnisse.

Zwischen unseren Bauwagen und den Bauwagen der Sintis und Romas waren in einer besseren Baracke wie bei einem Campingplatz Toiletten und Duschen untergebracht waren. Die waren aber dermaßen versifft und runtergekommen, dass es mich stellenweise richtig geekelt hat. Mit der Zeit musste ich mich gezwungenermaßen daran gewöhnen.

Von Detlef hörte ich erst mal eine Weile gar nichts. Vom Sozialarbeiter erfuhr ich schließlich, dass ich ihn demnächst mal besuchen dürfte.

Ich kann nicht sagen, dass ich mich gefreut habe. Ohne Klaus' Erklärung wüsste ich bis heute noch nicht, wieso ich mich mit diesem Menschen überhaupt abgegeben habe. Aber na ja, war ja leider nicht mein erster Fehler in meinem Leben.

Solange Detlef in U–Haft war, unternahm ich viel mit Anja. Wir waren fast jeden Tag unterwegs. Wenn wir ihre Mutter besuchten, konnte ich auch mal duschen. Anja half mir dabei. Ich hatte mir ja in München durch den Sturz einen komplizierten Handgelenkbruch zugezogen und trug zwölf Wochen eine Gipsmanschette.

Anja war wirklich eine total nette und liebe Frau, die den Tod ihres Vaters nicht verwinden konnte und irgendwann mit Drogen in Kontakt kam.

Der Alltag im Camp hatte sich bei mir allmählich wieder eingependelt. Dafür war es mit dem Trinken so schlimm wie noch nie. Oft konnte ich schon am Tag vor lauter Rausch nicht mehr gerade stehn. Auf der anderen Seite war es nicht verwunderlich, denn ich trank überwiegend Schnaps.

Im September 1992 setzten meine Tage aus.

Zum Frauenarzt wollte ich nicht.

Ich dachte, warte einfach noch.

Doch als ich im Oktober immer noch nicht meine Tage bekam, außer mal eine kleine Zwischenblutung, wurde ich dann doch nervös und fragte Anja nach einem Gynäkologen.

Sie gab mir eine Telefonnummer, und ich machte einen Termin bei ihm.

Bis dahin verdrängte ich erst mal den Gedanken, dass ich schwanger sein könnte.

Ich weiß nicht mehr, in welchem Monat ich Detlef in Düsseldorf im Gefängnis besuchte, ich glaube, es war November. Fällt mir jetzt schon schwer, wenn ich schreibe, dass ich mich gefreut habe, ihn zu sehn, aber damals war es noch so.

Er sagte mir, dass, wenn er Glück habe, er Mitte Dezember wieder raus dürfe.

Ich durfte nur eine halbe Stunde mit ihm reden, dann musste ich wieder gehn.

Das Camp törnte mich inzwischen immer mehr ab. Der Stress hörte einfach nicht auf. Meist verkroch ich mich im Bauwagen. Abends wurde grundsätzlich rumgegrölt und sehr laut Musik gehört, dass man nicht schlafen konnte.

Ab und zu rief ich bei meiner Mutter an und unterhielt mich mit ihr, dann empfand ich schon jedes Mal Heimweh nach München.

Mittlerweile sah ich dem Termin beim Frauenarzt schon unruhig entgegen und fragte mich, was wäre, wenn ich schwanger wäre. Und dann noch in meiner beschissenen Situation als Alkoholikerin bei den Obdachlosen.

Ich kannte mich selber kaum noch. Ich war ein lebloses Etwas. Und immer wieder fragte ich mich, warum hat dieser Mensch, der mir mein Leben so kaputt gemacht hat, mich nicht umgebracht, dann hätte ich wenigstens alles hinter mir. Aber wie heißt es so schön? *Wenn das Wörtchen WENN nicht wär ...*

Termin beim Frauenarzt.

Ich hatte meine Tage das letzte Mal am 16. August, danach hatte ich mit Detlef bis zu seiner Verhaftung nicht mehr geschlafen.

Am 19.11.92 stand fest, dass ich schwanger war.

Ich freute mich schon sehr darauf, aber mir machten die Umstände viel Angst.

Als ich dem Arzt gestand, dass ich Alkoholikerin bin, sagte er, dass ich auf keinen Fall mehr harte Sachen trinken dürfe und auch sonst nicht mehr so viel wie bisher. Was dann auch ganz gut klappte, die Angst, dass ich mein Kind wieder verlieren könnte, war einfach zu groß.

Nach dem Termin beim Frauenarzt traf ich mich mit Carsten, einem Kumpel aus dem Camp, in der Altstadt von Ratingen.

Bevor wir mit der Tram zurückfuhren, gingen wir noch einkaufen.

Statt Schnaps kaufte ich mir Orangensaft und Sekt.

Während der Fahrt fragte mich Carsten, wieso ich so lächle.

Ich wollte es eigentlich zuerst niemandem sagen, aber meine Freude war so groß, dass ich ihm verriet, dass ich schwanger war.

Er freute sich, nahm mich in den Arm und nahm mir gleich meine Einkaufstüte ab.

Als wir im Camp ankamen, konnte Carsten das Geheimnis nicht für sich behalten.

Es sprach sich rum wie ein Lauffeuer.

Ab da waren die meisten Leute total zuvorkommend zu mir.

Ich wusste von Anfang an, dass Detlef nicht der Vater war.

Die Frage war nur: Wer?

Rein rechnerisch musste es Manuel aus München sein.

Dann kam der Tag, an dem Detlef entlassen wurde.

Ich weiß nicht mehr, wann ich es ihm gesagt habe, auf jeden Fall hab ich es ihm noch im Dezember gesagt, dass ich schwanger bin.

Sein Blick verriet, dass er ganz genau wusste, nicht der Vater zu sein, aber er überspielte es, rechnete rum und tat so, als wär es okay, und vielleicht redete er sich ja dann doch noch ein, der Vater zu sein. Jedenfalls machte er gute Miene zum „bösen" Spiel. Doch sein Blick hinter der freundlich erscheinenden Maske war verdeckt.

Ich klammerte mich psychisch an Detlef in der Hoffnung, endlich einen Menschen in meiner Nähe zu haben, der es gut mit mir meint und ehrlich ist.

Und genau das war das Problem.

Ich bildete mir ein, dass es schon gut werden würde mit Detlef und ich bei ihm in guten Händen sei. Ich musste ja schließlich auch mal etwas Glück in meinem Leben haben.

Aber es sollte einfach nicht sein.

Am Anfang ging es noch, ich wusste ja so gut wie nichts von diesem Menschen. Ich hoffte, dass es sich gut entwickelt und wir gut zusammenpassen.

Mittlerweile hatte Detlef eine Arbeit als Lagerist gefunden.

Ich hatte also tagsüber viel Zeit für mich.

Bei schönem Wetter setzte ich mich vor den Bauwagen und las.

Irgendwann überkam mich die „Schnapsidee", dass wir ja eigentlich heiraten könnten.

Ich war begeistert von dem Gedanken, ich wollte, das alles schön wird: Heirat, Kind, Familie – einfach glücklich sein.

Als ich Detlef darauf ansprach, schaute er erst etwas skeptisch, aber dann freundete er sich doch mit dem Gedanken an.

Am 16.4.1993 heirateten wir standesamtlich.

Seitdem ich wusste, dass ich schwanger war, veränderte sich Gott sei Dank mein Trinkverhalten. Nun trank ich nur noch Orangensaft mit ein bisschen Sekt vermischt.

Obwohl die Leute vom Camp seit der Schwangerschaft recht zuvorkommend zu mir waren, empfand ich es nicht als schön für mich, in dieser Container–Siedlung zu „hausen".

Zu der Zeit war Detlef noch ganz nett zu mir.

So vergingen die Wochen, und mein Bauch wurde immer größer.

Eines Tages warteten Detlef und ich nach einem Kneipenbesuch in Ratingen, der sich dem Einkaufen angeschlossen hatte, an einer Bushaltestelle auf den Bus.

Plötzlich hielt ein Auto mit quietschenden Reifen.

Ein Typ sprang aus dem Auto und lief direkt auf Detlef zu

und schrie ihn an, warum er ihn verpfiffen habe.

Es war einer von den Marokkanern, die immer Drogen ins Camp brachten. Knallharte Dealer, wie ich erfahren habe.

Detlef hatte bei seiner Verhaftung ihre Namen verraten, sonst hätte er länger im Knast bleiben müssen. Das wusste ich alles gar nicht.

Der Typ schlug Detlef brutal nieder.

Ich lief auf Detlef zu, kniete mich zu ihm runter und schrie zu dem Marokkaner:

„Scheißmarokkaner!"

Er wollte schon auf mich losgehn, aber er sah, dass ich schwanger war, und stieg wieder ins Auto und fuhr davon.

Ich ging in die Kneipe und sagte, sie sollen bitte einen Krankenwagen anrufen.

Detlefs Kopf blutete stark, auf jeden Fall musste er ins Krankenhaus.

Der Krankenwagen war schnell da, ich stieg mit ein und wurde gefragt, wie es mir ginge, ich sagte, dass mein Bauch wehtue.

Ich hatte schon Angst, dass die Wehen einsetzten, aber das war Gott sei Dank nicht der Fall.

Nachdem Detlef genäht wurde und er wieder raus konnte, gingen wir zur Polizei. Ich hatte darauf bestanden, denn ich hatte Angst, dass die Typen, wenn wir ins Camp zurückkehrten, erneut Ärger machten.

Die Polizisten meinten, wir sollten anonym woanders hinziehn, sie würden sich darum kümmern.

Das taten sie tatsächlich.

Als Erstes brachten sie uns vorübergehend in eine Jugendherberge am Rand von Ratingen. Dort blieben wir, bis für uns eine Wohnung gefunden wurde.

Es dauerte nicht lange, und die beiden Polizisten hatten tatsächlich eine kleine Wohnung für uns in Langenfeld, einer schönen Kleinstadt in der Nähe von Ratingen, gefunden. Wir freuten uns riesig.

Die Wohnung war schon möbliert, klein aber fein. Es war alles da, was wir brauchten, und wir lebten uns gut ein. An den Wochenenden gingen wir viel spazieren, in der Nähe gab es einen wunderbaren Park mit See, und unweit davon lag ein schönes Einkaufszentrum.

Nach dem Einkaufen gingen wir meist in die beim Einkaufszentrum gelegene kleine Kneipe und spielten am Flipperautomaten.

Mittlerweile wurde es immer anstrengender mit meinem Bauch. Die Wohnung lag im 3. Stock, und in der Zwischenzeit fiel mir das Treppensteigen schon ziemlich schwer.

Im Mai war es schon so warm, dass ich hoffte, bald mein Baby zu bekommen.

Aber ich musste noch etwas Geduld haben.

Die Untersuchungen beim Frauenarzt waren immer schlimm, denn ich hatte Angst, dass mir das Gleiche wie bei Dominik passieren könnte. Doch der Frauenarzt überzeugte mich, dass bei mir alles bestens sei. Er sagte mir nur, dass ich mich auf einen Kaiserschnitt einstellen müsse. Aber das sei nicht schlimm.

Am 21.6.1993 war es dann soweit.

Ich hatte ja schon eine Weile meine Tasche für die Klinik gepackt. Ich war an dem Tag allein, weil Detlef in der Arbeit war und wir kein Telefon hatten. Ich saß im Wohnzimmer und sah fern, als plötzlich die Fruchtblase platzte. Ab da traute ich mich gar nicht mehr aufstehn. Ich wartete, bis Detlef um 18 Uhr von der Arbeit nach Hause kam. Er ging in die Telefonzelle neben unserem Wohnblock und rief ein Taxi.

In der Klinik brachte man mich gleich ins OP, weil sofort der Kaiserschnitt eingeleitet werden musste.

Als ich am nächsten Tag aufwachte, war mir furchtbar schlecht, und ich musste mich übergeben, weil ich die Narkose nicht vertragen hatte.

Sobald es mir etwas besser ging, wollte ich wissen, wo mein Baby ist.

Als sie mir dann meinen kleinen Spatz brachten, war ich unendlich glücklich!

Maiko war um 20:45 geboren worden, grad noch ein Zwilling.

Ein paar Tage mussten wir noch in der Klinik bleiben.

Ich fragte den Arzt, wie es denn mit dem Alkohol aussähe, ich brauchte wieder was zum Trinken, und er meinte, dass ich wieder Alkohol trinken dürfe.

Detlef versorgte mich mit Bier, Sekt trank ich nicht mehr.

Als ich dann endlich mit meinem Baby die Klinik verlassen durfte, fielen mir die skeptischen Blicke der Krankenschwestern auf.

Wahrscheinlich fragten sie sich, ob ich das als Alkoholikerin auch alles packte.

Ich war total glücklich! Es ist so ein wunderbares Gefühl, ein Baby zu haben!

Leider veränderte sich trotzdem wieder mein Trinkverhalten. Nun trank ich wieder von früh bis abends Bier.

Mit Maiko lief alles ganz gut, da hatte ich eigentlich alles im Griff.

Nur mit Detlef wurde es immer kritischer.

Es ist schwer, Detlef zu beschreiben. Es ist mir ja heute schon fast unmöglich, überhaupt nur diesen Namen hinzuschreiben.

Detlef war ein total depressiver Mensch und übertrug das auf seine Mitmenschen, in dem Fall besonders auf mich. Er war ständig am Nörgeln und ständig mit Gott und der Welt unzufrieden. Wenn er sein Hasch hatte, ging's noch einigermaßen mit ihm. Dann war er auch gut gelaunt, und man konnte auch Spaß mit ihm haben.

Ich weiß nicht mehr, wann es losging, und ich weiß auch nicht mehr, warum. Wir hatten, wie so oft, uns wieder einmal gestritten, und plötzlich fing er an, mich zu schlagen. Maiko schlief nebenan im Raum und bekam Gott sei Dank noch nichts davon mit. Aber auch das änderte sich. Jetzt war er ja noch ein Baby. Ich weinte ununterbrochen. Und kein Mensch meilenweit, mit dem ich reden konnte. Wir wohnten ja noch nicht lange hier, und Kontakte in München hatte ich auch nicht.

Ich rief nur ab und zu bei meiner Mutter an.

Dass ich geschlagen wurde, verschwieg ich ihr, damit sie sich nicht zu viele Sorgen machte.

Ich kann nicht mal mehr sagen, ob er sich entschuldigt hat.

Wir stritten leider oft.

An den Tagen, wo wir uns vertrugen, war es soweit ganz okay, da konnten wir uns auch ganz gut unterhalten. Auf jeden Fall war ich froh, dass er noch seine Arbeit hatte, dann hatte ich wenigstens den Tag ganz für mich und Maiko. Das genoss ich auch in vollen Zügen.

Wenn das Wetter okay war, ging ich spazieren und einkaufen und machte meinen Haushalt.

Maiko in den Armen zu halten war ein unbeschreiblich schönes Gefühl. Aber je mehr der Zeiger auf 18 Uhr zuging, wurde ich immer angespannter und nervöser, weil ich nie wusste, wie er aufgelegt war, wenn er heimkam.

So ging das bis Anfang 1994, nur mit dem Unterschied, dass er mich immer öfter schlug und Maiko in seinem Laufstall die Augen weit aufriss, wenn er wieder rumschrie.

Es war schrecklich!

Anfang 1994 telefonierte ich wieder mit meiner Mutter.

Detlef war in der Arbeit.

Ich weinte am Telefon und war nahe an einem Nervenzusammenbruch. Ich flehte meine Mutter an, mir zu helfen und Vater zu fragen, ob er eine andere Wohnung kaufen könne.

Sie versuchte, mich zu beruhigen und sagte, dass sie mit ihm reden würde.

Ich hatte Heimweh.

## 12. Kapitel: Heimkehr nach München

Eigentlich wollte ich ohne ihn runterziehn, hab mich das aber nicht sagen trauen, weil er mich hundertprozentig wieder geschlagen hätte, wenn ich das nur erwähnt hätte, aber ich wollte unbedingt wieder nach München, ich fühlte mich in Langenfeld nicht wohl. Ich hatte keine Kontakte. In München hatte ich wenigstens meine Mutter und meine Schwester.

Als ich es ihm trotzdem sagte, dass ich nach München wollte, war er überraschenderweise damit einverstanden. Er meinte, er hätte hier eh niemanden. Ich hatte natürlich gehofft, dass er nicht mitziehn würde, aber den Gefallen tat er mir leider nicht.

Es dauerte noch bis Mai mit dem Umzug. Trotzdem freute ich mich darauf und hoffte, dass dann alles besser würde. Der Glaube an die Hoffnung gab mir immer wieder die Kraft, nicht aufzugeben.

Bis Mai musste ich noch einige Schläge von ihm einstekken. Bei einem Streit warf ich den Ehering aus dem Fenster. Aber weit und breit kein Nachbar, der mal die Polizei gerufen hätte, und immer dieses elende Gefühl, allein zu sein und niemanden zu haben, der mich vor dem Bösen beschützt. Wie lange ich das alles noch durchhalten würde, wusste ich nicht. Ich hoffte, dass mich meine Kraft nicht verließ, wenn ich mich schon nicht selbst schützen konnte, musste ich es wenigstens für Maiko tun, er bekam sowieso schon viel zu viel mit.

Der Umzug ging relativ flott über die Bühne.

Mein Vater hatte eine Zweizimmerwohnung in Berg am Laim gekauft, knapp 46 Quadratmeter. Auch die Möbel hat er gekauft. Das hat mich schon gefreut.

Die Wohnung war schon sehr klein für uns, aber ich war es ja gewöhnt, dass ich immer so windig abgespeist wurde.

Mehr hätte ich nicht verdient, meinte mein Vater, und falls wir uns trennen würden, würde die Wohnung für mich und mein Kind ja leicht reichen.

Jetzt begann erst die richtige Hölle für mich. Detlef hatte keine Arbeit. Ein Riesenproblem. Mit der Zeit entwickelte er sich immer mehr zum Psychopathen.

In dem Wohnblock wohnte eine Bekannte von meinen Eltern. Wenigstens neben Maiko hin und wieder ein vertrautes Gesicht und ein bisschen Ansprache.

Detlef war mir schon längst unvertraut, ja, unheimlich.

Wenn wir mit Maiko rausgingen, war Detlef immer sehr freundlich. Draußen. Aber drinnen … Längst schon wusste ich nicht, wie es in ihm aussah. Ich hatte nur noch Angst vor ihm.

Wir lebten vom Sozialamt, das Geld war immer sehr knapp, und ich hoffte, dass er sich bald Arbeit suchte.

Irgendwann hat es dann auch tatsächlich geklappt, sogar ganz in der Nähe, sodass es uns dann erst mal wieder etwas besser ging.

Schließlich lernte er Leute aus der Nachbarschaft kennen, und irgendwie kam er auch wieder an sein Hasch ran.

Aber trotz des Haschs wurde er immer aggressiver, bis er mich wieder zu schlagen anfing.

Ich war total verzweifelt. Jetzt war ich in München und kam auch da nicht zur Ruhe. Einerseits war es schön, wenn wir mit Maiko im Kinderwagen spazieren gingen, aber sobald wir drinnen waren, kehrte die Aggression und mit ihr die lähmende Angst zurück.

Ich spielte viel mit Maiko und kuschelte auch viel mit ihm.

Er konnte schon mit knapp 10 Monaten laufen, und es war so unheimlich süß, ihm zuzuschaun und seine Fortschritte zu beobachten, trotzdem umklammerte mich mein Alkoholproblem immer fester, bis ich mich schließlich nicht mehr vollständig um ihn kümmern konnte.

Ich erinnere mich an eine grässliche Szene. Maiko konnte schon laufen, ich stand gerade in der Küche und machte ihm sein Fläschchen und hatte einen Topf auf dem Herd stehn, als Maiko plötzlich seine Hand auf den Herd legte. Er schrie so laut, dass ich mit ihm zum Kinderarzt fahren musste. Als ich dort ankam, wurde ich von der Arzthelferin schon schräg angeschaut: ich ungepflegt mit einer Bierfahne, und Maiko ebenfalls ungepflegt. Der Arzt meinte, er würde mal dem Jugendamt Bescheid sagen. Als ich ihn fragte, warum, meinte er, dass ich Hilfe bräuchte. Das machte mich sauer.

Es ist furchtbar schwer, die Hölle zu beschreiben. Ich war durch die Schläge von Detlef vollkommen eingeschüchtert und hatte überhaupt keinen klaren Kopf mehr. Ich wollte Maiko eine gute Mutter sein, aber selbst da hatte ich das Gefühl, dass Detlef das mir nicht gönnte. Er zerrüttete mich nicht nur physisch, sondern auch psychisch mit seinen Worten und erinnerte mich darin fatal an meinen Vater: der volle Psychopath.

Das Schlimmste war, je älter Maiko wurde, desto mehr

schrie Detlef zu Hause rum, bis Maiko total durcheinander war.

Eines Tages hatte Detlef Blut im Urin und heftige Bauchkrämpfe.
Ich rief den Notarzt, und sie brachten ihn ins Krankenhaus.
Ich war total froh, dass er weg war.
Als ich ihn mit Maiko besuchte (musste ich ja, sonst würd ich nach seiner Entlassung mächtig Ärger bekommen), erfuhr ich, dass er sich in der Klinik mit einem seltsamen Mann angefreundet hatte. Leider ging diese Freundschaft auch nach dem Krankenhausaufenthalt weiter. Mir war der Mann, der uns auch öfter besuchte, von Anfang an unsympathisch.
Eines Tages erwähnte Rüdiger, so hieß dieser Mensch, dass er ein Pärchen kenne, die eine Kneipe besäßen und eine Putzkraft suchten, ob ich da nicht Lust hätte.
Detlef war mittlerweile arbeitslos, und nach seinem Verhalten sah es auch ganz so aus, dass er null Bock aufs Arbeiten hatte.
Also fuhr ich eines Tages mit Rüdiger dahin.
Das Ehepaar machte anfangs einen ganz netten Eindruck auf mich, und ich war ihnen wohl auch ganz sympathisch, jedenfalls hatte ich von heut auf morgen einen kleinen Job. Ein bisschen Geld brachte es ja doch.

Inzwischen war ich meines Alkoholproblems und des stressigen Alltags mit Detlef wegen so durch den Wind, dass ich noch nicht mal die Zeit mit Maiko mehr genießen konnte, ganz abgesehen davon, dass mir Detlef mit seiner miesen Art ständig alles versaute. Wie immer in meinem Leben war ich auf mich allein gestellt.

Inzwischen hatte man uns vom Jugendamt eine Frau vom *Allgemeinen Sozialdienst* zugewiesen.

Wir hatten zu dieser Zeit schon 'ne Weile nach einem Kindergartenplatz gesucht, da war Maiko vier, und es war dringend notwendig für ihn, dass er aus diesem Elend etwas rauskam und mit anderen gleichaltrigen Kindern Kontakt bekam.

Abgesehen vom Sohn der Nachbarin aus dem ersten Stock war Maiko das einzige Kind in unserem Block. Aber der Sohn der Nachbarin war fünf Jahre älter.

Weil Detlef dem *Allgemeinen Sozialdienst* lauter Lügen über mich erzählt hatte, war ich bei denen, als ich ihre Hilfe suchte, gegen eine Mauer gerannt.

Ich hielt es einfach nicht mehr aus mit Detlef, er machte mich und Maiko systematisch psychisch kaputt. Das war sein Ziel, und fast sah es so aus, als ob er es auch schaffen würde.

Unser Alltag war mittlerweile fast nur noch aggressiv aufgeladen. Es gab kaum noch positive Momente.

Detlef hatte sich inzwischen in der Nachbarschaft mit ein paar Männern angefreundet, die dann auch öfters zu uns nach Hause kamen. Aber da ging's nur darum, sich die Birne voll zu schütten. Jedenfalls ging ich dann immer mit Maiko in sein Kinderzimmer und spielte und kuschelte mit ihm.

Wenn Detlef sah, wie eng die Bindung zwischen mir und Maiko war, sah ich jedes Mal in seinen Augen Neid aufglimmen. Nicht einmal das gönnte er mir und versuchte, einen Keil zwischen mir und Maiko zu treiben, indem er Maiko gegen mich aufhetzte, was er dann öfters sogar auch geschafft hat. Dann hörte Maiko nicht mehr auf mich, schrie mich an und ging immer zu Detlef, um mit ihm zu spielen.

Ohnmächtig musste ich erkennen, dass er Maiko regelrecht als Spielball benutzte. Selbst Rüdiger spannte er ein, um mich fertig zu machen. Er hatte ja leichtes Spiel, weil er mich mittlerweile zu einer verängstigten Marionette gemacht hatte.

Eines Tages traf ich mich mit meiner besten Schulfreundin in einem Lokal am Ostbahnhof.

Sie erschrak, als sie mich sah.

Ich sah total kaputt aus, abgemagert, verhärmt, und sie merkte, dass ich Alkoholikerin war.

Sie bedrängte mich, unbedingt etwas zu unternehmen, und drückte mir eine Visitenkarte eines Arztes in die Hand, der mir auf jeden Fall helfen könne.

Ich bekam relativ schnell einen Termin. Nachdem ich dem Arzt ein bisschen von meinem Leben erzählt hatte, empfahl er mir, unbedingt eine Psychotherapie zu machen und gab mir eine Adresse.

Detlef war darüber überhaupt nicht begeistert und machte mir und Maiko das Leben noch mehr zur Hölle.

Wie soll ich einen Psychopathen beschreiben, der nichts anderes als zerstören im Kopf hat? Ich weiß es nicht.

Mittlerweile gingen wir regelmäßig zum *Allgemeinen Sozialdienst*, aber ich hatte nach wie vor keine Chance: Ich, die böse Alkoholikerin, die angeblich unfähig ist, sich um ihr Kind zu kümmern. Als ich ihnen sagte, dass er Hasch nehme, stritt er das glatt ab, und sie glaubten ihm. Mir nicht. Ich konnte machen, was ich wollte, aber sie waren partout gegen mich. Dabei kämpfte ich jeden Tag nur um ein kleines Stückchen Normalität für mich und mein Kind.

Die Erinnerungen springen hin und her, ich kann diese schrecklichen Vorgänge einfach nicht ordnen, auch zeitlich nicht.

Als Maiko noch keine zwei war, passierte etwas Schreckliches. Es war zu der Zeit, als ich anfing, abends in eine Kneipe zu gehen. Eines Tages lernte ich dort ein Mädchen namens Carmen kennen, mit dem ich mich auf Anhieb verstand. Auch sie war dem Alkohol zugetan. Sie fragte mich, ob ich nicht Lust hätte, mit ihr in Haar in eine angesagte Disco zu gehen. Ich war begeistert und sagte ja. Hauptsache mal für ein paar Stunden weg von Detlef.

Am Freitag derselben Woche fuhr ich gegen zehn Uhr abends zu dieser Disco.

Carmen war auch schon da.

Es gefiel mir total gut. Ich konnte mich voll entspannen, tanzte und genoss die Stimmung.

Carmen stellte mir ein paar nette Leute vor.

Einer war dabei der gefiel mir auf Anhieb, er hieß mit Spitznamen Willi, und wir verknallten uns wechselseitig.

Ich erzählte ihm von mir, und von diesem Abend an trafen wir uns regelmäßig in der Disco.

Eines Tages, wir hatten uns mal wieder heftig gestritten, ich hielt Maiko auf dem Arm, schrie Detlef mich wie üblich an.

Maiko tat mir furchtbar leid, weil ich ihn nicht davor schützen konnte, und ich sagte Detlef, er solle vor Maiko nicht so rumschreien. Aber das war ihm alles egal.

Ich wollte mit Maiko gehen. Ich hielt es nicht mehr aus.

Plötzlich riss mir Detlef Maiko vom Arm und schlug mich vor ihm nieder.

Ich fiel bewusstlos zu Boden.

Als ich zu mir kam, warf er mich aus der Wohnung.

Ich hatte noch Kleingeld in meiner Hosentasche und rief von der Telefonzelle aus Willi an und sagte ihm, was passiert sei, er solle die Polizei anrufen.

Er sagte, er komme sofort.

Ich setzte mich vor dem Haus auf die Treppe und wartete, bis Willi kam.

Er klingelte, Detlef machte die Tür auf, einen Arm an den Türrahmen gestützt.

Ich schlüpfte durch, während er mit Willi stritt, und holte Maiko raus. Ich war schon aus dem Haus, als Detlef plötzlich Willi mit der Faust voll aufs Auge traf. Wir konnten noch grade flüchten und in Willis Wohnung Schutz suchen.

Ich fragte Willi, warum er nicht die Polizei angerufen habe. Ich hatte ihn ja vor Detlef gewarnt und ihm gesagt, dass er ein furchtbar aggressiver und gewalttätiger Mensch sei. Willi meinte, er habe gedacht, dass es auch ohne Polizei ginge. Mann, und jetzt hatte er ein kaputtes Auge!

Am nächsten Tag erstatteten wir bei der Polizei eine Anzeige. Danach gingen wir zum Augenarzt.

Detlef hatte anscheinend mit einem Gegenstand zugeschlagen, die Netzhaut hatte was abbekommen, jedenfalls hatte er einen dauerhaften Schaden davongetragen.

Ich blieb mit Maiko bei Willi.

Nach und nach holten wir meine und Maikos Sachen aus meiner Wohnung.

Willi hatte eine Zweizimmerwohnung und räumte seine Wohnung so um, dass wir zu dritt Platz hatten.

Ich war erstmal heilfroh dass wir in Sicherheit waren. Ich stand noch komplett unter Schock, und mein Körper schmerzte mich noch von den Schlägen.

Obwohl Detlef nicht wusste, wo Willi wohnte, hatte er es trotzdem rausbekommen, denn eines Tages standen zwei Frauen vom *Allgemeinen Sozialdienst* vor Willis Tür. Detlef selbst war noch auf der Arbeit.

Ich ließ sie rein und fragte sie, was sie wollten.

Sie sagten, sie hätten von meinem Mann gehört, dass ich mit unserem Kind ausgezogen sei.

Daraufhin erzählte ich ihnen, was passiert war.

Sie sagten, dass es trotzdem nicht ginge, dass ich auszöge und meinem Mann den Kontakt zu meinem Sohn entziehe.

Ich hab gedacht, ich hör nicht richtig! Ich wurde vor meinem Kind niedergeschlagen!

Dann fiel das Wort *Alkoholikerin*, da wusste ich, woher der Wind wehte. Detlef hatte ihnen bestimmt erzählt, dass ich mein Kind vernachlässige und ihnen wüste Geschichten unter die Nase gebunden.

Als ich erwähnte, dass er Hasch konsumiere, taten sie es als belanglos ab und forderten mich auf, eine Entgiftung zu machen, sonst schaue es schlecht für mich aus.

Im September 1994 hatte ich eine Psychotherapie angefangen. Dabei ging's um die Bewältigung der aktuellen Probleme.

Nach ein paar Monaten verriet mir Dr. E., der Psychotherapeut, dass er mich eigentlich gar nicht behandeln dürfe, weil ich Alkoholikerin sei und er erst wieder weitermachen könne, wenn ich trocken sei.

Ich war wie gelähmt. Ich brauchte diese Therapie. Ich hatte ja keinen Menschen, der mir Halt und Beistand geben konnte. Ich ging heulend aus der Praxis und wusste nicht, was ich tun sollte. Entzug? Nie wieder einen Tropfen Alkohol? Das war in diesem Moment ein furchtbarer Gedanke.

Völlig durcheinander und mit den Nerven am Ende fuhr ich zu Willi.

Meine Mutter passte auf Maiko auf.

Mein Alkoholkonsum war schon erschreckend, ich trank täglich zehn Flaschen Bier.

An einem Wochenende streikte mein Körper. Ich trank in der Früh schon Bier, weil mein Körper zitterte.

An diesem Tag war es aber so schlimm, dass ich nach jedem Schluck mich übergeben musste.

Willi rief meine Mutter an.

Sie kam auch, und später bekam ich noch Besuch von zwei

Bekannten, die ich bei den Anonymen Alkoholikern kennengelernt hatte. Ich war nur drei oder vier Mal dort, weil die Gruppe und der Ablauf mir überhaupt nicht gefallen hatten. Aber eine Frau war total nett, mit der ich unsere Telefonnummern ausgetauscht hatte, und sie sagte mir, dass ich sie jederzeit anrufen könne. Ich hatte sie auch zu Hause besucht und bei der Gelegenheit ihren Mann und ihre beiden Töchter kennengelernt. Und jetzt tauchte sie ausgerechnet an dem Tag mit ihrer Tochter auf, an dem es mir so schlecht ging!

Willi war mit dieser Situation etwas überfordert. Aber er war total lieb zu mir, obwohl es so viel Trouble gab.

Ich lag im Bett und konnte mich nicht eine Minute um Maiko kümmern.

Das war alles so unendlich schlimm, dass ich glaubte, es nicht mehr aushalten zu können. Irgendwann schaffte ich es dann trotzdem, aufzustehn, und sagte allen, dass ich nicht mehr könne, ich sei am Ende.

Ich rief Dr. E. an und sagte ihm, dass ich dringend einen Termin bei ihm bräuchte.

Den bekam ich dann auch recht schnell.

Als er sich davon überzeugt hatte, wie schlecht es mir ging, rief er sofort in einer Klinik an und vereinbarte für mich einen Entgiftungstermin. Maiko würde in dieser Zeit bei meinen Eltern bleiben.

Am 5. Juli 1995 fuhr mich Carmen in die Schwabinger Klinik. Ich musste um 12 Uhr da sein.

Wir fuhren viel früher los und gingen vorher noch um die

Ecke in ein Lokal, wo ich noch zwei Bier trank.

Dann war es soweit.

Nach der Aufnahme musste ich mich erst mal in den Aufenthaltsbereich setzen. Da durfte man damals noch rauchen.

Ich setzte mich hin und wartete auf einen Arzt. Ich saß geschlagene fünf Stunden im Aufenthaltsbereich, ohne dass ich einen einzigen Tropfen Alkohol zu mir nehmen konnte.

Ich wurde gereizt.

Als ein Krankenpfleger vorbeilief, sagte ich ihm, wenn ich noch länger warten müsse, ging ich rüber zum Kiosk und holte mir ein Bier. Daraufhin sagte er, das könne ich ruhig machen, aber dann dürfte ich nicht mehr in die Klinik zurück.

Ich war stocksauer.

Er meinte, dass es eben noch ein bisschen dauere.

Eine lange Stunde musste ich noch warten, bis ich endlich in ein Zimmer gebracht wurde und eine Infusion bekam.

Der Arzt meinte, ich müsse circa sechs Tage in der Klinik bleiben. Danach bekäme ich eine viermonatige Therapie im Allgäu. Mit Maiko.

Es war die Hölle in der Klinik. Mir ging es total schlecht.

Ich hatte ein Einzelzimmer.

Ich zog die Gardinen zu und heulte ohne Ende.

Am nächsten Tag besuchten mich meine Mutter und meine Schwester mit Maiko.

Ich freute mich so sehr darüber, meinen kleinen Spatz wieder in den Armen zu halten! Mir tat es in der Seele weh, dass er in solchen schrecklichen Verhältnissen aufwachsen musste, die dazu führten, dass mir alles über den Kopf wuchs.

Sicher hatte Detlef Maiko während meines Klinikaufenthaltes bei meinen Eltern besucht oder sich mit meiner Mutter irgendwo getroffen, um Maiko sehen zu können.

Ich wollte das nicht. Aber wen interessierte es schon, was *ich* wollte!

Die Entgiftung war der Hammer. Ich verkrümelte mich in mein Zimmer und weinte viel. Ich war seelisch total am Boden.

Gott sei Dank bekam ich zu den Infusionen noch Tabletten, die mir und meinem Körper guttaten.

Doch nach 6 Tagen war die Entgiftung immer noch nicht abgeschlossen.

Der Arzt sagte mir, dass es noch länger dauern würde.

Schließlich dauerte es tatsächlich doppelt so lang.

Nach der Entgiftung kam ich mit Maiko nach Leggau in eine Spezialklinik.

Hier herrschten so schreckliche Verhältnisse, dass ich mich nach fünf Tagen, nachdem ich mich vorher heftig mit der behandelnden Ärztin gestritten hatte, von Willi wieder abholen ließ.

Die hatten sich überhaupt nicht um mich gekümmert. Das hielt ich einfach nicht aus. Ich wollte wenigstens mit einem Therapeuten reden, aber das durfte ich noch nicht. Die meinten, dass ich da noch Geduld haben müsste. Die hatte ich aber nicht. Ich brauchte dringend Hilfe. Die haben einen da drin sich glatt selbst überlassen.

Nachdem ich mit Maiko wieder bei Willi war, rief ich nach dem Wochenende sofort bei meinem Therapeuten an und erzählte ihm, was vorgefallen war.

Wir machten sofort einen Termin aus.

Ich machte sozusagen eine ambulante Therapie bei ihm. Ich ging zweimal die Woche zu ihm.

Allerdings klappte das bei Willi jetzt auch nicht mehr, weil er nach wie vor sehr gern Alkohol trank und ich damit nicht mehr umgehen konnte. Und dann hatte ich noch Detlef und den ASD im Nacken.

Also ging ich wieder mit Maiko zu Detlef zurück.

Detlef schwörte, dass er sich geändert hätte, und blablabla …

Mir blieb ja im Prinzip nichts anderes übrig, als zu ihm zurückzukehren. Ich war ja in meiner Situation völlig auf mich allein gestellt. Niemand, der mir in irgendeiner Weise half. Vom Psychotherapeuten einmal abgesehen.

Nachdem wir wieder unter einem Dach wohnten, lief es erst mal eine Weile wieder einigermaßen „normal" im Alltag, allerdings merkte ich, dass es Detlef gar nicht passte, dass ich trocken war und dann auch noch eine Psychotherapie machte. Er wollte nicht, dass es mir gut ging. Er war ein richtiger Psychopath, anders kann ich diesen Menschen nicht beschreiben. Und so dauerte es auch nicht lange, dass der Stress wieder von vorn losging und er jeden Tag rumschrie. Manchmal änderte er auch seine Taktik und hetzte Maiko gegen mich auf, zum Teil leider sogar mit Erfolg.

Detlef ließ nichts aus, um mich ständig physisch oder psychisch zu verletzen. Damit schadete er Maiko ohne Ende.

Jetzt kam auch noch öfters dieser komische Mensch, den er im Krankenhaus kennengelernt und der mir in der Kneipe den Putzjob angeboten hatte.

Warum es nicht wieder versuchen?

Also fuhr ich mit ihm da hin.

Tatsächlich bekam ich wieder den Job.

Und so putzte ich vormittags wieder in der Kneipe.

Zuhause war's einfach schlimm. Ich hatte keinen einzigen normalen Tag mehr. Immer musste ich sehen, dass ich Detlef bei Laune hielt. Und das war verdammt schwer. Dieser Mensch war durch und durch depressiv und total gestört. Ich stand sozusagen permanent unter übelstem Stress.

Als ich meinen Eltern verriet, dass er mich ständig schlüge, meinte mein Vater nur:

„Dann wirst Du es auch verdient haben."

Ich dachte, ich hör nicht richtig.

In all den Jahren musste ich mit meinem Kind ständig ausziehn und jedes Mal schaun, wo ich mit ihm blieb, und jetzt kam es so, dass der Penner in der Wohnung meiner Eltern bleiben durfte.

Ich konnte es einfach nicht fassen und fragte mich immer wieder: Womit hab ich das verdient? Was habe ich verbrochen, dass ich so viel Elend durchmachen muss? Nicht nur, dass mir noch nicht mal gegönnt wurde, die Zeit mit meinem Kind zu genießen, sondern, als ob das noch nicht reichte, wurde Maiko auch noch in diesen Horror mit reingezogen. Und der Penner geilt sich auch noch auf, weil er sich einbildet, mich zerstören zu können. Er hat viel dafür getan, aber geschafft hat er es trotzdem nicht.

Auch wenn wir mehrere Beratungsstellen aufsuchten, an der furchtbaren Situation zu Hause änderte sich nichts. Es gab furchtbar wenig normale Tage.

Ich hielt das einfach nicht mehr aus. Ich verhärmte immer mehr.

Der Einzige, der mir Kraft gab, war mein Therapeut. Wenigstens für fünfzig Minuten hatte ich einen Menschen, mit dem ich reden konnte.

1997 spitzten sich die Dinge zu Hause so zu, dass ich zu einem Anwalt ging und die Scheidung einreichte.

Das Schlimme war, dass ich mit diesem Menschen immer noch unter einem Dach leben musste. Es war mehr als unerträglich.

Abends schlief ich immer öfter bei Maiko im Kinderzimmer, weil Detlef seit Neuestem fast jeden Abend Kumpel einlud. Da wurde gekifft auf Teufel komm raus. Und „komischerweise" trank, seit ich die Entgiftung gemacht habe, Detlef ganz „zufällig" immer öfter Bier. Als ich getrunken habe, trank er fast nie Bier. Kiffer tränken keinen Alkohol, sagte er. Und er kiffte ja auch tatsächlich jeden Tag. Er wollte mich ganz klar provozieren und war sich offensichtlich sicher, dass ich irgendwann schwach würde. Aber da hatte er mich total unterschätzt:

Obwohl die Verhältnisse schon längst lebensunwürdig waren, hielt ich den Terror auch ohne Alkohol aus. Dafür gab's öfters Schläge. Irgendwie musste er mir ja überlegen sein, sonst hätte er ja gar kein Erfolgserlebnis gehabt. Im Prinzip war ich ihm überlegen, und damit kam er gar nicht klar.

Der ganzen Scheiße zum Trotz spürte ich immer noch eine unbeugsame Kraft in mir, die er aber immer wieder auf seine Art erfolgreich zu unterbinden verstand.

Eines Tages hatte sich Rüdiger heftig mit den Wirtsleuten gestritten.

Weil ich in letzter Zeit abends fast immer zu Maiko ins Zimmer ging, hatten sich Detlef und Rüdiger offensichtlich einen feinen Plan ausgeheckt, um mir gewaltig eins auszuwischen und mich noch mehr fertigzumachen. Rüdiger war nämlich plötzlich total nett zu mir.

Trotz der Therapie war ich ja leider immer noch eine gutgläubige, naive Marionette.

Und das nutzte Rüdiger rücksichtslos aus, indem er den Wirtsleuten irgendeine Story erzählte und sich von ihnen Geld auslieh, das eigentlich mein Lohn fürs Putzen war.

Als ich sie nach meinem ausstehenden Lohn fragte, sagten sie, dass sie Rüdiger das Geld gegeben hätten. Für irgendwas. Ich weiß nicht mehr, wofür.

Auf jeden Fall eine absolut linke Sache. Ich war übelst sauer.

Abends fantasierte er sich bei uns irgendein Märchen zusammen und stellte es so dar, dass die Wirtsleute ihn abgelinkt hätten.

Mein Gott, und er schaffte es dann doch glatt tatsächlich, mich noch rumzukriegen, sodass ich dann wahrhaftig auf die beiden Wirtsleute total sauer war! Wir könnten denen ja eins auswischen, meinte er.

„Wie denn?", fragte ich ihn.

„Komm, wir wir fahren in der Nacht hin. Hab ja schließlich 'nen Schlüssel von dem Laden. Und dann holen wir uns das ganze Moos wieder."

„Wie denn?"

„Ganz einfach: Wir knacken die beiden Geldautomaten."

„Du spinnst ja! Das geht doch nicht!"

Doch verdammt, er kriegte mich rum!

Wir fuhren also in der Nacht dahin, und ich sperrte auf.

Der Idiot hatte tatsächlich Werkzeug dabei und schlug wie ein Blöder auf die beiden Geldautomaten ein.

Ich stand wie gelähmt im Lokal und schrie, wir müssten unbedingt wegfahren, bei dem tierischen Lärm würden uns bestimmt Leute hören und die Polizei rufen.

Als wir losfuhren, kam uns tatsächlich ein Polizeiwagen entgegen und hielt uns auf.

Rüdiger nahmen sie mit, und ich konnte erst mal gehn.

Und ich ging mitten in der Nacht zu Fuß nach Hause.

Nach ein oder zwei Tagen klingelten zwei Zivilpolizisten an unserer Tür und forderten mich auf, mitzukommen.

Detlef hatte Maiko im Arm und trat auf den zur Straße gelegenen Balkon, und ich rief von unten:

„Bis später."

Sie brachten mich ins Revier in die Ettstraße. Ich wurde verhört, und sie machten ein Foto von mir und nahmen einen Fingerabdruck.

Ich war wie gelähmt.

Dann steckten sie mich über Nacht in eine Zelle.

Am nächsten Tag durfte ich einen Anwalt anrufen.

Ich rief meinen Scheidungsanwalt an und erzählte ihm, was passiert war.

Anschließend brachten mich die Beamten nach Neudeck ins Frauengefängnis.

Horror ohne Ende!

Ich kam mir vor wie eine Schwerverbrecherin.

Ich bekam Gefängnisklamotten und wurde in eine Zelle mit zwei Frauen gebracht.

Ich wusste gar nicht, wie mir geschah. Ich lag wie betäubt auf dem Bett, heulte ohne Ende und dachte nur: Bravo, Detlef, gut gemacht!

Da konnte man sehen, wie sehr er meinen Sohn liebte, dass er mir so was antat und meine Instabilität so eiskalt ausnutzte. Er nahm null Rücksicht auf Maiko!

Es war die Hölle pur. Ich wegen Beihilfe zum Diebstahl im Gefängnis! Weil ich dem anderen Idioten aufgesperrt hatte.

Ein paar Tage später kam mein Anwalt, gab mir Zigaretten und teilte mir mit, dass ich da bald rauskäme.

Detlef brachte es tatsächlich fertig, mich mit Maiko zu besuchen.

Als ich mein Kind sah und ihn nicht in die Arme nehmen durfte, brach ich zusammen.

Meine einzige Hoffnung war, dass irgendwann die Gerechtigkeit siegte und ich mit meinem Kind ein normales Leben leben konnte.

Nach zwei Wochen wurde ich entlassen. Ich musste in ein Frauenhaus und durfte noch nicht in die Wohnung zurück.

Für Detlef war der Plan perfekt aufgegangen. Ich konnte nicht jederzeit ungehindert mein eigenes Kind sehen und musste es vielmehr diesem Penner überlassen.

Ich hätte alles zusammenschlagen können vor Wut und Verzweiflung.

Im Frauenhaus war es übel für mich.

Von meinen Eltern brauch ich erst gar nicht anfangen zu reden. Die hielten natürlich zu Detlef, schließlich war ich ja die Böse schlechthin.

Was sonst?

Ich weiß nicht mehr, wie lange ich in diesem Frauenhaus war. Anschließend zog ich wieder bei Detlef ein, und für ein paar Tage ging es dann wieder mal ein klitzekleines bisschen „gut".

Eines Nachts, ich hatte mich schon hingelegt und Detlef schaute noch fern, hörte ich ihn mit sich selbst reden. Er dachte wohl, dass ich schon schlief.

Plötzlich sagte er:

„Die muss wieder in den Knast, die Alte."

Ich zitterte, als ich das hörte.

Am Morgen zitterte ich noch immer.

1998 bekamen wir endlich einen Kindergartenplatz für Maiko. Der ASD hatte uns dabei geholfen.

Jetzt konnte Maiko wenigstens für ein paar Stunden raus aus diesem Wahnsinn. Das tat Maiko auch gut. Er war so ein lieber Junge! Und kontaktfreudig! Er fand auch schnell Freunde.

Der Kindergarten war grad mal fünf Minuten von unserer Wohnung entfernt. Am Wochenende brachte ich ihn dann öfters zu seinen Freunden.

Wenn ich Maiko mit Detlef abholte, rümpften die Mütter schon die Nase. Keiner wollte seinetwegen mit mir was zu tun haben. Kein Kind durfte zu uns. Tatsächlich lief Detlef auch wie ein Penner rum. Er kaufte sich lieber Hasch als Klamotten. Dementsprechend sah er auch aus.

Allmählich setzte sich der positive Einfluss der Therapie durch, sodass ich mich stark genug fühlte, eine Erzieherin auf meine Möglichkeiten anzusprechen, mit Maiko allein zu leben. Zum Schluss gab sie mir die Adresse einer Beratungsstelle.

Mittlerweile hatte ich meine Therapie erfolgreich beendet. Sie dauerte immerhin von September 1994 bis März 1998. Jetzt musste ich mich allein durchkämpfen.

Als Maiko 1999 in die Schule kam, gab's natürlich auch Probleme, denn Detlef redete Maiko nur dummes Zeug ein. Lernen sei blöd, laberte er, man sei ja nur der Sklave von Deutschland, und was weiß ich nicht noch alles. Auf jeden Fall lauter Sachen, die für einen Schulanfänger alles andere als motivierend waren.

Ich versuchte, Maiko andere Werte mitzugeben, und stemmte mich dagegen.

Jeder Tag war ein Kampf um ein Stückchen Normalität. Mit allem! Vom Aufstehn in der Früh, bis zum Ins–Bett–Gehen am Abend. Die ganzen Jahre stand ich Tag für Tag unter Strom.

Gott sei Dank hatte ich entgiftet. Seitdem lösten sich die Fäden der „Marionette Manu" langsam auf, und das wiederum machte Detlef Angst. Das sah und spürte ich.

Die ganzen Jahre über fragte ich mich, warum Detlef so war.

Meine Antwort ist, dass er von Anfang an wusste, dass er nicht der Vater von Maiko war.

Seine Reaktion darauf war Rache, nichts als Rache. Gegen mich und mein Kind. Ohne Rücksicht. Und ich war das perfekte Opfer, das er schamlos ausnutzte. Selbst meine Eltern waren auf seiner Seite.

Jedes Mal, wenn ich mit Maiko geflohen war, meldete Detlef das sofort dem Jugendamt, weshalb ich dann leider auch immer wieder zurück musste.

Dazwischen hatte ich mich sporadisch immer wieder mal mit meiner Mutter getroffen oder mit ihr telefoniert.

Wenn ich sie sagen hörte: „Der arme Detlef, der will doch nur den Jungen sehn!", war ich sprachlos, und ich erinnerte sie daran, dass er mich schon x–mal geschlagen und Maiko angeschrien hat. Doch das alles zählte nicht. Selbst beim ASD hatte ich die ganzen Jahre schlechte Karten, weil Detlef mich mit seinen Lügengeschichten dermaßen schlecht gemacht hatte, dass mir keiner mehr glaubte.

Erst als Maiko in die Schule und in den Hort kam, besserten sich langsam meine Chancen.

Dass Maiko von Anfang an in der Schule und im Hort Schwierigkeiten haben würde, war mir völlig klar: Er kannte ja kein normales Leben. Ich versuchte es ihm zwar immer wieder zu vermitteln, aber Detlef zerstörte es jedes Mal von Neuem.

Irgendwann wurden Detlef und ich getrennt zu Beratungsstellen geschickt. Zusammen funktionierte es nicht, weil Detlef so auf Rache fixiert war, dass er kein einziges ehrliches Wort rausbrachte.

Nach meinem Beratungsgespräch wurde es etwas besser für mich. Ich erzählte dem Mann die volle Wahrheit, auch dass Detlef nicht der Vater von Maiko war. Daraufhin riet mir der Mann, einen Vaterschaftstest machen zu lassen. Doch ich hatte furchtbare Angst davor. Detlef würde mich mich doch grün und blau schlagen. Dieses Risiko müsse ich eben eingehen, meinte der Mann von der Beratungsstelle, und falls es tatsächlich dazu komme, zur Polizei gehen.

Nach einigen Wochen statteten Mitarbeiter von der Beratungsstelle uns einen Besuch ab. Das war, bevor ich den Vaterschaftstest in die Wege leitete.

Und dann sahen sie endlich, wie Detlef wirklich war. Das wollte mir ja vorher keiner glauben.

Mitten in der Unterhaltung, ich weiß nicht mehr, was den

Ausschlag gegeben hatte, rastete Detlef plötzlich vor denen aus, wurde aggressiv und schrie rum. Ab da ging's für mich langsam bergauf. Das war für mich ein gewaltiger Schritt nach vorn. Jetzt war allen (außer dem Verursacher) bewusst, dass Maiko schon längst aus diesem Wahnsinn raus gemusst hätte.

Ich kämpfte darum wie eine Löwin. Schließlich leitete ich es mithilfe der Beratungsstelle und des Jugendamts über den Vaterschaftstest dann tatsächlich in die Wege.

Kurz darauf flatterte der Brief mit der Einladung zum Vaterschaftstest ins Haus.

Wir mussten alle drei hin.

Detlef las den Brief und wurde blass.

Maiko war im Wohnzimmer, als Detlef den Brief las.

Was das soll, zischte Detlef, er habe kein Problem damit, er sei ja schließlich der Vater, und blablabla.

Ich kann die Worte nicht mehr wiederholen, auf jeden Fall gab er den Überlegenen. Doch zu diesem Zeitpunkt war ich nicht mehr die schwache Manu, und das wusste er auch.

Merkwürdigerweise wollte er, dass Maiko an diesem Abend, es war Ende Oktober 1999, bei ihm im Zimmer schlief. Das passte mir gar nicht.

Als Maiko schon schlief, hörte ich Detlef wieder lauter Blödsinn labern. Ich merkte, wie ihn der Test ganz schön verunsicherte.

Plötzlich brach er ab, ging aus dem Zimmer, steuerte auf mich zu, packte mich an der Gurgel und zerrte mich ins Kinderzimmer.

Der Mann gehörte in die Psychiatrie!

Am nächsten Tag rief ich sofort bei meiner Beratungsstelle an und erzählte, was passiert war.

Daraufhin wurde Detlef noch mal aufgefordert, auf der Beratungsstelle zu erscheinen.

Jetzt hatte er keine guten Karten mehr, und seine Rechnung ging nicht auf.

Er hatte es nicht geschafft, mich zu zerstören.

Endlich glaubten ihm die Ämter nicht mehr und sahen, wie sehr er meinem Kind geschadet hat.

Das alles hätte schon viel früher passieren müssen.

Gott sei Dank ließ der Gemeinschaftstermin nicht lange auf sich warten.

Als Vater von Maiko gab ich Manuel an, der auch einen Termin bekam, natürlich an einem anderen Tag als wir.

Während des Termins wurde eine Speichelprobe von uns genommen.

Jetzt hieß es warten.

Ich weiß nicht mehr, wie lange es dauerte, aber für mich war entscheidend, dass sich jetzt endlich was tat und die Chance, allein mit Maiko leben zu können, deutlich stieg.

Als das Ergebnis uns nach ein paar Wochen zugestellt wurde, jubelte ich innerlich. Jetzt hatte dieser Psycho es schwarz auf weiß: Er war nicht der Vater von Maiko.

Jetzt war für mich und Maiko der Weg frei in ein normales Leben! Schritt für Schritt, mit Hilfe der Ämter.

Wie oft hat mich Maiko in all den Jahren gefragt, wann denn „Papa" ausziehe! Er hasste ihn. Jetzt konnte ich ihm endlich sagen, dass es bald soweit sei.

Als das Ergebnis schriftlich vorlag, wurde Detlef ganz klein mit Zylinder.

Er musste seine Strategie ändern, ob er wollte oder nicht.

Das Blatt hatte sich gewendet.

Und die Ämter waren auf meiner Seite.

Ich konnte ihm sogar ins Gesicht sagen, dass ich möchte, dass er auszieht.

Seitdem schlug er mich auch nicht mehr.

Da Detlef keine Anstalten machte, auszuziehen, und keine Miete mehr zahlte, schaltete mein Vater endlich einen Anwalt ein.

Als er den Brief las, wurde Detlef sichtlich nervös.

Aber jetzt kam Bewegung ins Spiel, und es dauerte nicht mehr lange, und der Spuk ging endlich zu Ende.

Die Gerechtigkeit hatte doch noch gesiegt!

Detlef zog im Mai 2000 aus.

Maiko und ich jubelten ohne Ende!

Gott sei Dank lag seine Wohnung auch nicht in unserem Stadtteil.

Endlich war der Spuk vorbei, und ich war mit meinem Kind allein!

Wir vereinbarten, dass er Maiko alle 14 Tage sehen und Maiko, wenn er wollte, bei ihm auch übernachten konnte.

Das funktionierte noch bis Oktober 2000.

Aber dann wollte Maiko nicht mehr bei ihm übernachten.

Immer wieder versuchte ich, rauszukriegen, was eigentlich vorgefallen war, aber ich erfuhr es nicht.

Ich glaube, dass Detlef wieder seine komischen Leute dabei gehabt und Maiko auch angeschrien hat.

Auf jeden Fall wollte Maiko nicht mehr zu ihm.

Das führte dazu, dass Detlef noch einige Male anrief, um mich wieder auf seine primitive Art unter Druck zu setzen.

Doch die Zeit, mich von ihm tyrannisieren zu lassen, war ein für alle Mal vorbei, auch wenn er es immer wieder auf seine dumme Art versuchte, indem er sich zum Beispiel gegenüber unserer Wohnung postierte und die Luft mit blöden Blicken durchlöcherte, so nach dem Motto *Hallo mich gibt's noch!*

Natürlich wollte er hauptsächlich mir und Maiko wieder Angst machen, aber die Tour zog bei mir nicht mehr.

Er war für mich genau das, was er mit seinen blöden Blicken durchlöcherte: Luft.

Ich hatte jetzt sehr viel um die Ohren.

Dass ich als Erstes eine Wohnung für Maiko und mich suchen musste, war ein Schritt von ganz vielen, die ich noch vor mir hatte.

Mit Maiko lief es bis dahin ganz gut. Aber in der Schule und im Hort gab es immer wieder Probleme. Es gab ständigen Gesprächsbedarf mit den Lehrern und den Erzieherinnen vom Hort, bis ich mit Maiko sogar zu einem Kindertherapeuten gehen wollte und bereits Termine ausmachte. Aber Maiko zog nicht mit.

Die Zeit mit Detlef war für ihn die Hölle gewesen.

Und dann war da noch ich mit meinem Problem.

Ich spürte, dass da noch was bei ihm arbeitete, was ihn

quälte.

Und ich wusste, dass ich anders als die anderen war.

Schon etliche Jahre zerbrach ich mir den Kopf darüber, obwohl ich doch bereits 1994 im Zusammenhang mit der Entgiftungskur auf Empfehlung von Dr. E. dreieinhalb Jahre bei einem Therapeuten namens S. in Therapie gewesen war. Aber statt der gewünschten Heilung blieb meine innere Unruhe, die immer neue Fragezeichen aufwarf, Fragezeichen, die mich auch in der Nacht ständig begleiteten und mich nicht schlafen ließen.

Ende August 2000 rief ich Dr. E. an, um mir von ihm Hilfe zu erbitten, und bekam glücklicherweise auch relativ schnell einen Termin.

Als ich in seine Praxis kam, sagte ich ihm, dass mit mir immer noch was nicht stimmte. Ich sei zwar jetzt schon seit fünf Jahren trocken, aber ich sei immer noch so aufgewühlt wie in meiner Alkoholikerzeit.

Dr. E. richtete einen ernsten Blick auf mich, der aber frei von einschüchternder Strenge war, und sagte, dass er mich schon erwartet habe.

Ich war baff! Statt einer Antwort gab er mir die Adresse einer Psychotherapeutin namens G.. Falls es nicht passen sollte, sollte ich wieder zu ihm kommen.

Zu Hause rief ich sofort bei der Therapeutin an und vereinbarte mit ihr für Ende September einen Termin.

Kurz darauf ergab es sich, dass ich von der Mutter einer Schulkameradin Maikos einen Tipp wegen eines Jobs bei der Arbeiterwohlfahrt bekam. Ich wollte unbedingt weg vom Sozialamt. Ich kümmerte mich darum, rief an und wurde tatsächlich zu einem Gespräch eingeladen. Ich konnte mein Glück kaum fassen, denn man bot mir tatsächlich eine Stelle in Sendling an. Das einzige Handicap war, dass es nur ein befristeter Vertrag war. Aber in dem Moment war mir das egal. Hauptsache Arbeit und weg vom Amt.

Dann ging alles recht schnell: Bereits Mitte September konnte ich anfangen. Davor bekam ich noch einen PC-Grundkurs von ihnen bezahlt. Und bei der Therapeutin konnte ich Ende September anfangen. Endlich hatte ich mal Glück.

Die von der AWO waren total nett. Es handelte sich um ein kleines Team von Sozialpädagogen im Alten-und-Service-Zentrum Sendling. Ein Treffpunkt für ältere Leute mit Mittagstisch. Wir waren alle per Du. Meine Arbeitszeit war zunächst auf 16 Stunden pro Woche befristet, doch sie boten mir von Anfang an an, die Stundenzahl jederzeit erhöhen zu können. Ich war begeistert. Für den Anfang war es arbeitsmäßig wirklich perfekt für mich.

Die Mittwoch-Sitzungen bei Frau G. um 9:00 waren von der persönlichen Atmosphäre her sehr angenehm.

Von der ersten Stunde an waren wir uns sofort sympathisch.

Nach der zweiten Stunde waren wir uns einig, dass wir weitermachen.

Doch trotz aller Sympathie war es sehr schwer für mich, ihr nach und nach zu offenbaren, was mich quälte. Dabei kam zwangsläufig alles an die Oberfläche, was ich bisher erlebt hatte.

Fast alles.

Denn dann geschah an einem Abend im Oktober 2000 dieses entsetzliche Ereignis, das mein Leben wie ein glühendes Eisen durchschnitt!

Ich telefonierte mit meiner Schwester.

Sie erkundigte sich, wie es mir ginge.

Ich sagte ihr, dass ich wieder eine Therapie angefangen hätte, weil mit mir irgendwas nicht stimmte.

Dann sprach sie plötzlich den Namen des Missbrauchstäters aus.

Genauso gut hätte sie sagen können, dass hinter ihr der Teufel stünde und er sich darauf freue, mich gleich zu besuchen.

Mir war, als hätte mich ein Tsunami aus turmhoch aufbrandenden Feuerfluten erfasst.

Ich weiß nicht, wie ich das Gespräch beendet habe.

Maiko schlief schon. Ich hockte mich in die kleine Küche am Boden und weinte, von inneren Schmerzen gekrümmt, wie ich noch nie in meinem Leben geweint hatte und niemals weinen werde. Wellen ohnmächtiger Erschütterung schüttelten mich. Gelähmt vor Entsetzen nahm ich wahr, dass diese teuflische „Videokassette" sich gnadenlos in meinem Kopf abspielte.

Und in dieser Katastrophe stand plötzlich Maiko vor mir, umarmte mich und fragte mich, was denn los sei.

Ich konnte kaum reden und sagte ihm, dass ich etwas ganz Schlimmes erfahren habe.

Er tröstete mich, und ich drückte meinen kleinen Spatz ganz fest an mich.

Oh, wie ich mein Kind liebe!

Ich war so übel neben der Spur und so extrem aufgewühlt, dass ich ein Spielball meiner Gedanken und Gefühle zu werden drohte.

Auch Maiko brauchte dringend meine Hilfe.

Er tat sich so schwer mit der Schule und dem Hort.

Es war so viel zu tun. Und ich hoffte inständig, dass ich alles in den Griff bekam.

Ich mochte vielleicht erst vier- oder fünfmal bei Frau G. gewesen sein, als ich das schicksalhafte Telefongespräch mit meiner Schwester ansprach. Daraufhin beantragte Sie gleich mehr Stunden, doch ich wusste nicht, wo ich anfangen sollte, bis der Damm schließlich brach und sich allmählich in meinem Bewusstsein Bahn brach, dass ich viele Jahre von dem Cousin meines Vaters sexuell missbraucht wurde. Fast jeden Sonntag. Diese Erkenntnis war dermaßen schlimm für mich, dass ich anfangs außerstande war, darüber zu reden.

Kurz darauf bat mich Kai, mein Chef, in sein Büro. Er habe den Eindruck, dass mich ein Problem belaste, ob ich mit ihm darüber sprechen möchte. Ich sagte ihm, dass ich sexuell missbraucht worden und deshalb in psychotherapeutischer Behandlung sei. Er war erschüttert und sehr verständnisvoll.

Seit ich wusste, was damals passiert war, war ich total fertig.

Meine Gedanken überschlugen sich.

Ich hatte Probleme, mit meinem Alltag fertig zu werden, und es fiel mir unglaublich schwer, mir nichts anmerken zu lassen. Vor allem vor Maiko. Da musste ich absolut stark sein. Er brauchte mich mehr denn je.

In der Arbeit gefiel es mir sehr gut. Seitdem ich mich bei Kai ausgesprochen hatte, fiel mir die Arbeit spürbar leichter. Ich musste mich nicht verstellen. Wenn es mir nicht gut ging, ging es mir eben nicht gut. Das half mir schon ganz gewaltig.

Im Januar 2002 nahm ich meinen Mädchennamen wieder an.

Ich wollte nichts mehr mit diesem Psychopathen zu tun haben.

Leider lief aber auch mein Vertrag bei der AWO in diesem Jahr aus.

Das Gemeine war, dass ich plötzlich einen Burn–out bekam und ausgerechnet in den letzten sechs Wochen nicht mehr arbeiten konnte.

Ich war wie „ferngesteuert".

Trotzdem ging ich in dieser Zeit weiter zur Therapie.

Frau G. sagte mir, dass es sich im Grunde um eine Depression handle.

Diese Gefühlsachterbahn war furchtbar. Ich kam damit einfach nicht klar. Ein bedrohlicher Gedanke nach dem anderen überrollte mich.

Am schlimmsten für mich war es, zu wissen, von meinen eigenen Eltern verkauft worden zu sein.

Das wird mich wohl mein ganzes Leben belasten.

Die ständige Geldnot und die permanenten Existenzängste krallten sich bedrohlich in meine Seele und ließen mir keine Luft zum Leben. Manchmal war es so schlimm mit dem Geld, dass ich Mitte des Monats schon kein Geld mehr hatte, um uns was zum Essen zu kaufen. Immer wieder musste ich meine Mutter heimlich um Geld bitten. Mein Vater durfte nichts davon mitbekommen, sonst gab es wieder Megastress. Mir erschien alles absolut hoffnungslos.

Schon früher hatte ich in meiner Firma gefragt, ob ich mehr Stunden arbeiten könnte. Aber es ging leider nicht.

Ich drehte mich im Kreis und wusste überhaupt nicht mehr weiter.

Weil das alles noch nicht reichte, gab es inzwischen auch noch heftige Probleme mit Maiko. Er hatte sich den Punks angeschlossen. Das Ergebnis war drei Jahre Stress ohne Ende.

Mittlerweile konnte ich in meiner Therapie, wenn auch unter vielen Tränen, über den Missbrauch wenigstens reden.

Aber es war mit der Zeit eine Erleichterung.

Trotzdem kam ich einfach nicht zur Ruhe. Ständig wurde mir der Boden unter den Füssen weggezogen.

2006 erfuhr ich von meinem Bruder Thomas, dass mein Vater sich an seiner Tochter Janette vergehn wollte.

Thomas und Susi, seine Frau aus zweiter Ehe, brachten Jahr für Jahr ihre beiden Kinder, Kevin und Janette, in den Schulferien zu meinen Eltern.

Eines Tages, meine Mutter war angeblich nicht da und Kevin im Kinderzimmer, war Janette mit Opa allein im Wohnzimmer. Plötzlich legte er eine Videokassette ein – einen Porno! –, setzte sich neben Janette und fummelte an ihr rum.

Gott sei Dank vertraute sie sich ihrer Mutter an.

Susi war natürlich entsetzt und sprach sofort mit Thomas.

Kurz darauf luden sie meine Mutter, mich und meine Schwester Carolin abends zu sich ein und konfrontierten uns mit dem unglaublichen Vorfall.

Meine Mutter spielte die total Unwissende.

Schockiert war sie allerdings nicht. Jedenfalls schob sie sofort nach, dass sie ja nie anwesend gewesen sei, wenn mein Vater die Mädchen in die Wohnung gelockt habe.

Ich war absolut sprachlos. Langsam, aber sicher komplettierte sich das Horrorbild: mein Vater in pädophiler Harmonie mit seinem Cousin, und mittendrin meine Mutter mit dem Gemüt einer Teflonpfanne.

Jahre später erfuhr ich, dass sie in einem Fall, während sich mein Vater den Porno reinzog und an dem Mädchen rumfummelte, mit im Wohnzimmer saß und sich die Hände an dem Pullover für die Tochter ihres Bruders Manfred wundstrickte, damit das Kind mollig durch den Winter kam!

Mein Gott, wie tief sind denn diese Abgründe noch?!

Was kommt denn noch alles auf mich zu?!

Am nächsten Tag haben Thomas und Susi meinen Vater angezeigt.

Angesichts seines hohen Alters von 79 Jahren kam er mit einer Geldstrafe davon.

Unfassbar.

Meine Mutter begleitete ihn sogar noch höchstpersönlich

zum Gerichtstermin.

Inzwischen wusste ich schon gar nicht mehr, was ich überhaupt noch denken sollte, mein Kopf war ein einziges Chaos-Event.

Das Jahr 2007 war auch nicht viel besser.

Am Mittwoch, den 24. Oktober, zwei Tage nach ihrem Geburtstag, rief mich um kurz vor halb acht in der Früh meine Mutter an.

Sie weinte und stammelte was von Vater sei gestorben. Ich solle sofort kommen.

Ich zog mich hastig an und fuhr direkt los.

Als ich ankam, hatte sie sich wieder beruhigt.

Sie meinte, es ginge ihm schon wieder besser.

Ich war natürlich erstaunt, weil ich dachte, dass er schon tot sei.

Sie saß im Wohnzimmer und las Zeitung.

Mein Vater lag apathisch im Bett.

Ich sagte zu ihr, dass er unbedingt ins Krankenhaus müsse.

Obwohl es eine Minute vor zwölf war, weigerte er sich, ins Krankenhaus zu gehn.

Schließlich schafften wir es doch mit Unterstützung der Polizei und des Notarztes.

Als wir ihn am nächsten Tag besuchten, zog er meine Mutter zu sich und sagte ihr, er wolle jetzt sterben, für sie sei finanziell gesorgt, und schaute mich dabei so komisch an.

Am übernächsten Tag rief mich meine Mutter vormittags in der Arbeit an. Offensichtlich in Tränen aufgelöst. Vater läge im Koma.

Nach der Arbeit fuhr ich sofort in die Klinik.

Ich saß vor dem Bett, die linke Hand auf seiner Stirn, und überließ mich einem unversiegbaren Tränenstrom.

Am Tag darauf, einem Samstag, traf ich mich mit Carolin, meiner Schwester, in der Klinik.

Wir waren nur kurz dort, weil es Carolin nicht aushielt.

Die drei folgenden Tage, Sonntag, Montag und Dienstag, fuhr ich in die Klinik und wiederholte das Ritual: Ich setzte mich vor sein Bett, legte die linke Hand auf seine Stirn und weinte, als wollte ich die ganzen Jahre meines anklagenden Unrechtsschicksals mit meinen Tränen fortspülen.

Am Dienstag tippte ein Arzt an meine Schulter und sagte:

„Gut, dass Sie da sind, dann ist er nicht allein."

Ich fragte ihn, ob er meine, dass er jetzt stürbe.

Darauf blickte er mich ruhig an, nickte und ließ mich wieder allein, allein im Sterbezimmer mit meinem unerreichbaren Vater.

Ich weinte und schluchzte ohne Unterlass und beobachtete ängstlich die schwächer werdenden Ausschläge des Herzfrequenz–Monitors.

Plötzlich löste sich im rechten Auge meines Vaters eine Träne.

Ich war total verstört.

Kurz darauf waren die Ausschläge des Herzfrequenz–Monitors zusammengebrochen und zu einer Nulllinie erstarrt.

Kein Aufbäumen, nicht der kleinste Zacken.

Es war vorbei.

Ich hatte vorher noch nie einen Menschen sterben sehen. Ich war wie gelähmt.

Ich stand noch zwanzig Minuten neben meinem toten Vater. Inzwischen war meine Mutter eingetroffen.

Aber sie traf auf einen Toten.

Ich weiß nicht, warum ich mir das angetan habe, jeden Tag ins Krankenhaus zu fahren.

Vielleicht war es die Hoffnung auf diesen einen Satz: „Es tut mir alles so leid, Manu."

Dann ging's los mit dem lieben Geld.

Mutter hatte sich schon einen saftigen Betrag von der Bank gesichert, als Vater bereits im Koma lag, weil sie Angst hatte, dass sie nach seinem Tod, bis alles mit der Erbschaft geregelt war, erst mal nicht so schnell ans Geld kommen würde.

Als ich dies alles meiner Therapeutin erzählte, riet sie mir, über mein Leben ein Buch zu schreiben.

Das hatte sie schon öfter getan. Doch ich verstand sie nicht. Für mich war das absolut unrealistisch. Deshalb verschwendete ich auch keinen Gedanken daran.

Ich hatte um einen Menschen getrauert, den ich nie gehabt hatte: einen Vater.

Mutter, Carolin und ich kümmerten uns um die Unterlagen von Vater.

Als uns nach einer Weile das Testament zugeschickt wurde, überkam mich wieder dieses furchtbare Gefühl, dass mir der

Boden unter den Füßen weggezogen wurde.

Was ich zu lesen bekam, war schrecklich gemein und böse.

Selbst im Testament ließ er seine Bosheit an mir aus.

Wegen meines Lebenswandels sollte mir nur die Wohnung, in der ich lebte, zugesprochen werden.

Was hatte ich nur verbrochen, dass ich so behandelt wurde?

2008 beschlossen Mutter und ich, uns einen schönen Urlaub zu gönnen, und ich buchte im April eine einwöchige Reise nach Scharm El-Scheich.

Maiko nahm noch ein paar Freunde mit.

Es war wunderschön.

Ich genoss den Urlaub, und mit meiner Mutter war es auch erstaunlich schön.

Ich glaubte nach wie vor ganz fest daran, dass ich doch noch einen gesunden Elternteil hatte, und klammerte mich wie an einen Strohhalm daran und schob den Gedanken, dass es anders sein könnte, ganz weit weg.

Frau G. hatte mich bereits darauf angesprochen, dass wir noch das Thema Mutter behandeln müssten.

Aber ich schob das weg.

Im April 2008 endete meine Therapie. 7 Jahre und 7 Monate war ich bei Frau G. gewesen.

Der Abschied fiel mir sehr schwer. Sie war für mich der erste Mensch, mit dem ich über meine Vergangenheit sprechen konnte.

Kein Mensch hatte je so viel von mir erfahren wie Frau G..

Erst in ihrer Therapie hatte ich gelernt, mich ansprechend zu artikulieren. Heute weiß ich, dass die Therapie jedenfalls das Beste war, was mir passieren konnte.

Da meine Mutter mich finanziell unterstützte, hatte ich erst mal, was das betraf, ein „sorgenfreies" Leben und musste mir keine Gedanken über meine Existenz machen.

Wir flogen 2008 sogar noch einmal nach Scharm El-Sheik – für zwei Wochen! Es war traumhaft! Braun gebrannt und erholt kamen wir nach Hause.

Für mich war 2008 ein schönes Jahr. Mir ging es soweit gut, und das Gefühl genoss ich auch. Ich hatte eine schöne Arbeit, total nette Kollegen und einen wunderbaren Chef.

Ende 2008 rief mich eines Abends Thomas, mein Bruder, an. Ich war erst mal sprachlos, denn er rief sonst nie an.

Seit er von zu Hause weggezogen war, hatten wir kaum noch Kontakt.

Er hatte einfach kein Interesse daran.

Schon bald stellte sich heraus, dass er jetzt nicht anrief, weil er meine Nähe suchte, sondern weil er einen „Mülleimer" brauchte: Seine Frau hatte ihm den Laufpass gegeben.

Er jammerte mich stundenlang voll. Und das ein paar Tage hintereinander. Schließlich zog er zu meiner Mutter, und seitdem hörte ich nichts mehr von ihm.

Seit mir Frau G. Anfang 2008 den Rat gab, ein Buch zu schreiben, ging mir diese Idee immer wieder durch den Kopf, auch wenn ich noch so gut wie gar nichts damit anfangen konnte. Trotzdem schaute ich mich im Internet um und stieß auf die Seite des Berufsverbandes der Lektoren. Schließlich gab ich Neugier halber dort eine Auftragsanfrage auf und war gespannt, ob sich überhaupt jemand melden würde.

So richtig ernst nahm ich das Ganze eigentlich nicht. Das war einfach zu weit weg für mich.

Als ich dann tatsächlich jede Menge Antworten erhielt, war ich allerdings total überrascht.

Aber es klappte dann doch nicht: Ich traute mich einfach noch nicht ran. Es war einfach zu früh, immerhin war ich Anfang 2008 ja auch noch in Therapie.

Ich kam und kam einfach nicht zur Ruhe. Zwar hatte ich im Moment vorläufig keine finanziellen Sorgen, dafür jedoch mächtig viele Probleme mit Maiko. Er war immer noch bei den Punks und machte mir damit das Leben zur Hölle.

Das Schlimme für mich war, dass niemand mir zur Seite stand und ich wieder einmal alles allein durchstehn musste.

Maiko blieb nächtelang aus. Ich wusste nicht, wo er steckte, er war einfach unerreichbar.

Heute weiß ich nicht mehr, in wie vielen schlaflosen Nächten ich mir die Seele aus dem Leib geweint und wie viele Vermisstenanzeigen ich aufgegeben habe.

Einmal musste ich Maiko sogar aus der Wohnung werfen, weil er mich so fertiggemacht hatte, dass ich es nicht mehr aushielt.

Ich war so tief verzweifelt, dass es sich kein Mensch vorstellen kann.

Nach drei Tagen stand er wieder vor der Tür, und ich ließ ihn wieder rein.

Er beschimpfte mich, trank Alkohol, kiffte und zog eine ganze Latte von Punks mit sich.

In dieser Zeit schmiss er die Schule hin.

Sosehr ich mich auch bei dem Rektor für ihn einsetzte: Es half alles nichts. Maiko hörte nicht auf, mich übel zu beschimpfen und mir bitterböse Vorwürfe wegen Detlef zu machen, weil ich es nicht geschafft hatte, uns viel eher aus dieser Hölle zu befreien.

Er hasst Detlef ohne Ende. Und er lebte das genauso aus, wie ich meinen Missbrauch ausgelebt habe.

Während der zweiten Jahreshälfte kam dann endlich die Wende: Maiko trennte sich von den Punks! Ich atmete auf und dankte dem Universum! Ich hatte mein Kind wieder!

Im Laufe der Zeit spürte ich deutlich eine positive Entwicklung bei ihm.

In der schrecklichen Punk–Zeit war ich immer wieder über seltsame Bemerkungen meiner Mutter gestolpert, die mich unseligerweise an verlängerte Kommentare von Detlef erinnerten und jedes Mal meine inneren Alarmglocken schrillen ließen.

Als ich sie fragte, ob sie noch Kontakt zu Detlef hätte, stritt sie das natürlich ab.

Allmählich spürte ich, wie sehr mich die Therapie von dem Schotter befreit hatte, mit dem ich mich jahrzehntelang rumgeschleppt hatte.

Trotzdem spürte ich, dass noch etwas nicht in Ordnung war.

Was mir generell fehlte, war eine vertraute Person.

Seit mein Halbbruder Thomas zu meiner Mutter gezogen war, offenbarte sie mir nach und nach ihr wahres Gesicht.

Diese Erkenntnis war wie eine schleichende bösartige Infektion, die meine Widerstandskraft brutal zu bedrohen schien.

Als Thomas seine Wohnung renovieren ließ (eine von den drei Wohnungen, die mein Vater von dem Erbe gekauft hat), behauptete er zwar, die Kosten dafür selbst zu tragen, aber ich bin bis heute davon überzeugt, dass meine Mutter ihm von ihrem Geld die Wohnung komplett neu eingerichtet hat. Dabei verdient er über das Dreifache von mir.

Ich blieb also wie gewohnt finanziell auf der Strecke.

Sie hatte ja mal davon gesprochen, und wir hatten das auch fest ausgemacht, dass sie mich regelmäßig mit ein paar Hundert Euro monatlich unterstützt.

Das hat allerdings nicht lange geklappt. Zwar erhielt ich mal zwischendurch was, aber nur dann, wenn ich ausdrücklich darum bat, weil ich es unbedingt brauchte. Es war total erniedrigend für mich!

Allmählich zog ich mich von meiner Mutter immer mehr zurück.

Sie hat einen Lebensgefährten, den ich auch sehr nett finde. Ich finde es ja auch in Ordnung, dass sie einen Freund hat.

Jedenfalls wurde mir klar, dass es den Strohhalm, den ich für mich in ihr gesehen habe, nie gegeben hat.

Ich hatte sie als meine Freundin, als meine Vertraute angesehen. Aber allmählich stellte sich heraus, dass sie mein Vertrauen aufs Übelste missbraucht hat.

Und ich hab so furchtbar lange gebraucht, um das zu erkennen. Mein Gott!

Zwischen mir und meiner Mutter schob sich immer stärker ein unsichtbarer Keil. Wenn zum Beispiel Natasche, die Tochter eines ehemaligen Arbeitskollegen meines Vaters, die die meine Mutter in unregelmäßigen Abständen zu besuchen pflegte, sie mit Geschichten aus meiner unheilvollen Vergangenheit konfrontiert hatte, wusch sie grundsätzlich ihre Hände in Unschuld.

Natascha sagte nie etwas zu mir. Sie hüllte sich mir gegenüber sozusagen in frommes Schweigen.

Die ideale Vertrauensperson also: fromm und verschwiegen.

Im Gegensatz allerdings zu meiner Mutter, die sich immer wieder unaufgefordert auf diese „fromme" Quelle bezog, um mir gegenüber zu beschwören, dass sie doch keine Ahnung von den schrecklichen Dingen hatte, die mir damals zugestoßen waren.

Andererseits fielen in ihrem Redefluss immer wieder eine ganze Reihe von Mädchennamen, die sie angesichts ihrer Ahnungslosigkeit eigentlich gar nicht kennen konnte.

Es war ein Lügengebilde der allerfeinsten Sorte.

Eines Tages überraschte meine Mutter mich damit, dass es wohl besser sei, wenn sie die Besuche bei Natascha einstellte, weil sie das Gefühl habe, dass es Natascha belaste, wenn sie bei ihren Besuchen jedes Mal an diese schlimme Zeit erinnert werde.

Was sollte ich darauf sagen? Dass den Frommen das Unheilige der schlimmste Feind sei? Oder das Schicksal eines unglückseligen Opfers ein unheilvolles Menetekel für sie, die Vollkommenen, sei?

Allmählich löste sich die Maske meiner Mutter immer stärker ab.

Seitdem sie das Vermögen meines Vaters verwaltet, kommt ihr wahres Ich zum Vorschein. Besonders die Liebe zum Geld, das Gefühl von Macht, so nach dem Motto: Jetzt bin ich die Chefin, jetzt bestimme ich, was mit dem Geld passiert.

Es war erschreckend für mich, was ich sah. Und es kamen noch ein paar wirklich harte Brocken auf mich zu. Und wieder und wieder fragte ich mich: Warum?

X–mal schon hab ich mir gedacht, dass es besser gewesen wäre, wenn mich der Täter damals getötet hätte. Dann hätte ich es ein für alle Mal hinter mir gehabt und mir wär das alles erspart geblieben. Die Erkenntnis, lediglich gezeugt worden zu sein, um hinterher auch noch verkauft zu werden, war schon mehr als ein Schlag ins Gesicht. Keine Liebe, keine Zuneigung, nicht ein bisschen Vertrauen.

Ich war nur Mittel zum Zweck, damit sich die Herrschaften ein schönes Leben machen konnten.

Und was mit mir passierte, war vollkommen egal.

Nach und nach beschäftigte ich mich doch intensiver mit

der Buchidee.

Ich wusste, dass meine „Schublade" noch nicht abgeschlossen war, und spürte eine extrem innere Unruhe in mir, sodass ich mir überlegte, ob ich nicht wieder eine Psychotherapie beginnen sollte.

Aber Frau G. hatte die Therapie als abgeschlossen erklärt.

Schließlich traute ich mich doch und inserierte erneut im Internet auf der Lektorenseite.

Das war im Sommer 2010.

Kurz darauf bekam ich einige E-Mails.

Ich entschied mich für Klaus Middendorf und nahm mit ihm Kontakt auf.

Als für mich klar war, dass ich das Buch schreiben möchte, sprach ich mit meiner Mutter darüber. Musste ich, wegen des Geldes.

Als meine Mutter mir sagte, dass sie mir das Geld gäbe, war ich baff. Ich konnte tatsächlich loslegen.

Die ersten Termine waren hart für mich, ich erzählte und weinte. Immer wieder sprang meine „Videokassette" an und erlebte alles noch einmal, gefolgt von schlaflosen Nächten. Und nebenbei wurde mir immer wieder der Boden unter den Füßen weggezogen. Es war unglaublich, welche Abgründe sich da noch öffneten. Dabei dachte ich, dass nicht mehr viel kommen könnte. Irgendwann musste doch auch mal Ruhe einkehren. Doch ich musste einsehen, dass das reines Wunschdenken von mir war.

Klaus brachte mir das Schreiben bei, obwohl ich felsenfest

davon überzeugt war, es nicht zu können.

Ich war der Meinung, dass ich froh sein konnte, gelernt zu haben, mich mündlich verständlich auszudrücken.

Schreiben machte mich unsicher.

Aber Klaus hat es tatsächlich geschafft, mich davon zu überzeugen, dass ich es sehr wohl kann.

Ich hab immer noch heftige Probleme, mir was zuzutrauen.

Die bitterbösen Worte von meinem Vater haben sich bei mir eingebrannt.

Aber es klappte mit dem Schreiben, was für mich eine riesige Erleichterung ist, weil ich bei Klaus das erste Mal über etwas gesprochen habe, das ich in meiner Therapie nur oberflächlich erzählt hatte und das mir nun ungemein half, darüber schreiben zu können.

Natürlich hat es seine Zeit gedauert, denn ich hatte furchtbare Angst, über etwas zu schreiben, das so tief in mir vergraben war, weil es so furchtbar wehtat.

Doch der „Knoten" löste sich, und es ging mir nach dem Schreiben auch seelisch besser.

Doch das hielt nicht lange, weil ich über das Schreiben Dinge erfuhr, die das Bild von meinen Eltern gewissermaßen von der dunklen Seite aus komplett machten.

Das alles machte mir schon sehr zu schaffen. Deshalb hatte ich diese Gedanken von mir auch immer ewig weit weggeschoben, weil ich mich einfach nicht damit beschäftigen wollte.

Doch jetzt spürte ich, dass es mir besser ging, wenn ich mich damit auseinandersetze.

Es ist ein schrecklich widersprüchlicher Prozess, sich mit seinem Unglück zu beschäftigen, um das Glück finden zu können.

Der Hammer schlechthin war für mich, als ich für mein Buch Daten von dem Täter und seinen Geschwistern brauchte.

Ich rief meine Mutter an und fragte sie danach.

Doch sie wusste es leider nicht.

So musste ich wohl oder übel mit ihr zum Friedhof fahren.

Ich hätte dieses Grab allein niemals gefunden, weil ich nur einmal in meinem Leben bei diesem Grab war, ausgerechnet bei der Beerdigung des Täters. Unglaublich, aber wahr! Damals war der Missbrauch noch ganz ganz tief in meinem Unterbewusstsein vergraben.

Also fuhren meine Mutter und ich beide da hin.

Ich bewaffnet mit Block und Stift. Ich notierte mir die Daten.

Plötzlich, ich glaubte, meinen Augen nicht zu trauen, fing meine Mutter vor mir zum „Gärtnern" an.

Als ich meine Sprache wiedergefunden hatte, sagte ich ihr, dass es doch jetzt wirklich nicht sein müsse, dass sie sich in meiner Gegenwart um das Grab zu kümmere.

Daraufhin schaute sie mich trotzig an und sagte:

„Ja, irgendwer muss sich ja um das Grab kümmern."

Ich war so geschockt, dass es mir erneut die Sprache verschlug.

Als ich sie nach Hause gefahren hatte, gab es schon einen gewaltigen Riss bei mir.

Wie abgebrüht muss man eigentlich sein, um so etwas ohne

die geringsten Skrupel fertigzubringen?

Die erste Veränderung, von dem „lieben" Geld mal abgesehn, spürte ich, als Thomas bei meiner Mutter einzog.

Thomas empfindet eine Wahnsinnsabneigung gegen mich. Warum, weiß ich nicht und ist mir, ehrlich gesagt, auch schon lange herzlich egal.

Der nächste Knüller von meiner Mutter kam, als ich erfuhr, dass sie hinter meinem Rücken Kontakt zu Detlef aufgenommen hatte, und das schon vor längerer Zeit.

Als ich daraufhin sofort meine Mutter am Telefon ansprach, bestritt sie laut schreiend alle Beschuldigungen.

Ich blieb so ruhig, dass es mir schon fast selbst unheimlich war.

Da wusste ich, dass ich stärker bin, als ich von mir gedacht hatte.

Ich spürte, dass sich in mir etwas verändert hatte, das ich gar nicht richtig beschreiben kann.

Plötzlich wurde mir bewusst, dass es diesen berühmten Strohhalm, „Wunsch–Strohhalm" namens Mutter, an den ich mich seit meiner Kindheit ohne Ende geklammert hatte, nie gegeben hatte.

Zuerst war ich wieder total am Ende, weinte viel und fragte mich unaufhörlich: Warum?

Die Antwort ist immer die gleiche: Geld.

Erst seit letztem Jahr hab ich wieder Kontakt zu Christine.

Sie ist die Exfrau von Onkel Manfred, dem Bruder meiner Mutter.

Wir reden viel über die Vergangenheit. Sie war ja auch betroffen. Auch ihre Tochter Miriam wurde von meinem Vater missbraucht, in der von mir bereits erwähnten Situation, in der meine Mutter mit ihm im Wohnzimmer saß. Was sie natürlich abstritt.

Durch Christine hab ich Sachen erfahren, die mich zutiefst erschütterten. Besonders schlimm ist für mich, dass diese Dinge so geballt auf mich einschlugen.

Der absolute Hammer war, als Christine mir erzählte, dass mein Vater sie selbst, sie war gerade erst fünf, vergewaltigt hatte!

Es ist ein Horrorfilm.

Ich habe in Klaus Middendorf einen wunderbaren, einzigartigen Menschen gefunden, der mich versteht. Was in meinem Leben wahrlich sehr, sehr selten ist, dass mich ein Mensch versteht und mit mir umgehn kann. Aber Gott sei Dank gibt es noch so wunderbare Menschen.

Jahrzehntelang fühlte ich mich schuldig, fühlte mich minderwertig, fühlte ich mich wie eine Marionette.

Aber diese Manu, die gibt's nicht mehr.

Ich hatte einen verdammt steinigen Weg. Aber ich schaffte es.

Alle, aber wirklich alle, die gedacht haben, sie könnten mit mir machen, was sie wollen, sie könnten mich kaputtmachen, haben es nicht geschafft.

Und es schafft auch keiner! Die Zeiten sind vorbei.

Ich kämpfe zwar immer noch um meine Existenz, aber auch da sieht es nicht mehr so dunkel aus, wie es sonst immer bei mir war. Es ist „Land in Sicht", wie man so schön sagt. Und mein Leitsatz heißt: *Die Gerechtigkeit wird siegen.*

Und noch ein Spruch bestätigt sich: *Geld verdirbt den Charakter.*

Nun, wo mir Christine gewissermaßen in einem Schnelldurchlauf die Augen geöffnet hatte, wurde ich mit der unfassbaren Tatsache konfrontiert, dass meine Mutter, den Umstand, nach dem Tod meines Vaters täglich mit ihr telefoniert zu haben und ihr alles von mir und Maiko zu erzählen, schamlos ausgenutzt hatte, um anschließend alles Detlef weiterzuerzählen.

Nie im Leben hätte ich daran gedacht, dass sie das tun könnte.

Mittlerweile erzähle ich ihr gar nichts mehr von uns beiden, außer oberflächlichem Gequatsche. Aber damit kann ich inzwischen leben.

Auf der anderen Seite heißt das für mich, dass ich, auch wenn ich immer noch dabei bin, die schockierende Wahrheit zu verarbeiten, künftig die berühmte Schublade endlich werde schließen können.

Das Verhalten meiner Mutter beantwortet endlich die seit meiner Kindheit wunde Frage, warum ich von ihr nicht vor dem Missbrauch beschützt worden bin und warum sie ihn nicht verhindert hat.

Das hatte mich seit diesem schicksalhaften Telefongespräch im Herbst 2000 immer und immer wieder beschäftigt.

Jetzt kenne ich den Grund.

Und damit muss ich leben. So oder so.

Aber ich habe mich befreit, und das ist das Wichtigste für mich überhaupt.

# Nachspann

Eigentlich kommen jetzt die Mitwirkenden. Wie in jedem Nachspann.

Aber jetzt komm nur ich.

Zwar auch ein Mitwirkender, aber ein Mitwirkender in einer Nebenrolle.

Es ist unstatthaft, sich als inhaltlicher Begleiter eines Buchprojektes aus dem unsichtbaren Gedankenbergwerk an die Leser zu wenden. Ich weiß.

Aber in diesem Fall muss es sein.

Warum?

Fast ein Jahr liegt mittlerweile das erste Treffen zwischen Manuela Bauer, die sich am liebsten schlicht *Manu* nennt, und mir zurück. Und deshalb weiß ich, warum ich zuletzt in einer spontanen Eingebung die Gattungsbezeichnung *Lebensbericht* durch *Schicksalsbiografie* ersetzt habe.

Im ersten Moment musste ich an Beethovens „Fünfte", die sogenannte *Schicksalssinfonie*, denken und an die gängige Interpretation dieses musikalischen Schicksalsdramas als eine musikalische Erzählung von Niederlage und Triumph, in der es um den ewigen menschlichen Schicksalskampf, um Leid und Erlösung ginge, um den Weg durch die Nacht zum Licht.

Zweifellos ein typisch romantischer Topos.

Die Romantik gehört, wie Rüdiger Safranski in seinem großartigen Essay *Romantik. Eine deutsche Affäre* feststellt, „zu den seit zweihundert Jahren nicht abreißenden Suchbewegungen, die der entzauberten Welt ... etwas entgegensetzen wollen."

Da ich gerade beim Zitieren bin, sei mir noch ein Zitat von

Kleist aus seiner romantischen Frühzeit erlaubt:

*Das Misstrauen ist die schwarze Sucht der Seele, und alles, auch das Schuldlos–Reine, zieht fürs kranke Aug die Tracht der Hölle an.*

Romantik, das Schuldlos–Reine – was hat das alles mit der Schicksalsbiografie von Manuela Bauer zu tun?
Sehr viel.
Und nun möchte ich endlich, wenngleich sehr spät, aufdekken, warum dieser Nachspann sein muss und ich zum Schluss vor den geschlossenen Vorhang trete, um das Nachwort zu halten:
Ich möchte mich nämlich unmissverständlich als Romantiker outen, als jemanden, dessen Kraftquelle die Kindheit ist und der die Schule als Erwachsenen– oder Systemanpassungsanstalt betrachtet.
In diesem Zusammenhang scheint mir die gegenwärtige weltweite Finanzierungskrise geradezu eine Manifestation des zitierten Kleistschen Misstrauens zu sein: Keiner traut dem anderen. Das kindlich Schuldlos–Reine mag sich zwar vielleicht als Werbespot für eine Altersvorsorge–Versicherung oder Babywindeln eignen, aber als privates Credo ist es heutzutage ein sicherer Ausstieg aus dem sozialen Netzwerk mit Lächerlichkeitssiegel und Verspottungsgarantie.
Man muss in diesen Zeiten des rasenden menschlichen Stillstands schon sehr stark sein, wenn man den Fliehkräften des gesellschaftlichen Leistungssystems dauerhaft Widerstand

entgegensetzen will.

„Nur lebendige Fische schwimmen gegen den Strom", heißt ein chinesisches Sprichwort.

Manu hatte nur die ersten fünf Jahre den Himmel auf Erden, bevor eine unfassbare Missbrauchs–Tragödie sie in die Hölle stieß und unter dem Geröll des Schicksals verschüttete.
Doch diese fünf Jahre haben ausgereicht, um ihr die Kraft zu geben, einer einundvierzig Jahre währenden schicksalhaften Unglücksverkettung zu widerstehen in der Hoffnung, am Ende schließlich doch noch der Pest des Misstrauens entkommen zu können und in ihrer kindlich schuldlos reinen Seele angenommen zu werden und diesen großartigen romantischen Moment zu erleben, den Eichendorff so wunderbar besungen hat:

*Schläft ein Lied in allen Dingen,*
*Die da träumen fort und fort,*
*Und die Welt hebt an zu singen,*
*Triffst du nur das Zauberwort.*

Manu hat das Zauberwort inzwischen gefunden.
Mittlerweile hat sie ihre alte Videokassette durch eine neue ausgetauscht und ist vom *Play–* zum *Record–*Modus übergegangen.
Manu ist kein Opfer mehr.
Aber ein Vorbild für die Opfer allemal.

Graben, den 20. Juli 2011
Klaus Middendorf